DER GRÜNE TEE

PETER OPPLIGER

DER GRÜNE TEE

Genuß und Heilkraft aus der Teepflanze

MIDENA

Die Deutsche Bibliothek - CIP-Einheitsaufnahme

Oppliger, Peter
Der Grüne Tee: Genuss und Heilkraft aus der Teepflanze /
Peter Oppliger. Küttigen / Aarau:
Midena-Verl. : Augsburg : Weltbild-Verl., 1996
ISBN 3-310-00294-2

Alleinvertrieb für Deutschland:
WELTBILD VERLAG GmbH
Steinerne Furt 68-70, 86167 Augsburg

7. , überarbeitete Auflage 1997

Gestaltung Umschlag: Dora Hirter, Birrwil
Konzeption und Gestaltung Inhalt: Ursula Mötteli,
Grafikdesign, Aarau
Bildmaterial: Evelyn und Hans-Peter König, Zürich,
und Autor
Satz: Kneuss Satz AG, Lenzburg
Fotolithos: Litho 2000 AG, Basel
Herstellung: Neue Stalling, Oldenburg

ISBN 3-310-00294-2

INHALTSVERZEICHNIS

DIE TEEPFLANZE

Die Teepflanze ist bezüglich Geschichte, Kultur und Heilwirkungen eine der faszinierendsten Heilpflanzen. Verwendet wird diese Teedroge als Schwarztee und als Grüner Tee.

Nach dem Wasser ist Tee weltweit immer noch das meistkonsumierte Getränk. Er ist als Schwarztee oder als Grüner Tee bekannt. Sogar die Eskimos sind große Teetrinker! In vielen Ländern ist Teetrinken Teil der Kultur, im Zen-Buddhismus Teil der religiösen Zeremonie und speziell in England und in den Ländern des Commonwealth eine nicht wegzudenkende Tradition, wie z.B. der Early Morning Tea, der Afternoon Tea oder der High Tea. Trotzdem wissen viele Menschen sehr wenig über den Tee und die äußerst interessante Teepflanze.

Dieses Buch soll Ihnen einen informativen Einblick in die Geheimnisse des Tees vermitteln. Als Spezialist für Naturheilkunde werde ich dabei hauptsächlich die ursprüngliche Art des Teetrinkens, d.h. den *Grünen Tee* (oder Grüntee) als sinnvolles Genuß- und Heilmittel würdigen.
Die Geschichte des Tees, die wichtigsten Begriffe aus der faszinierenden Welt des Tees sowie einige wissenschaftliche Erklärungen und Vergleiche sollen helfen, die Besonderheiten des Grünen Tees gegenüber dem Schwarztee besser zu verstehen.
Kaum ein anderes Getränk läßt sich als Heilmittel und Genußmittel so wunderbar vereinen und ergänzen. Kein anderes Getränk hat eine so traditionsreiche und jahrtausendealte Geschichte wie der Grüne Tee.

Es scheint mir wichtig, darauf hinzuweisen, daß der australische Teebaum (Melaleuca alternifolia aus der Familie der Myrtaceae), der in der Aromatherapie für die Gewinnung des Teeöls beliebt geworden ist, nicht mit der Teepflanze bzw. dem Teebaum oder Teestrauch (Camellia sinensis) verwechselt werden darf! Es handelt sich um völlig verschiedene Pflanzen.

Die Teepflanze Camellia sinensis, früher Thea sinensis genannt. Das Bild (Kupferstich) stammt aus dem «Hand-Atlas sämmtlicher medicinisch-pharmaceutischer Gewächse», bearbeitet von einem «Vereine Gelehrter» aus dem Jahre 1857.

ALLGEMEINES ÜBER DEN TEEANBAU

Die Teepflanze Camellia sinensis und die größere Art Camellia assamica sowie die aus den beiden gezüchteten bzw. assimilierten Arten C. viridis, japonica, saranqua usw. sind die Stammpflanzen des Teekrautes (Blattes). Die Teeblätter werden in den subtropisch gelegenen Anbaugebieten wie Darjeeling, Japan, Ceylon usw. von Frühjahr bis Herbst, in den tropischen Hochlandplantagen, z.B. in Malaysia, sogar ganzjährig geerntet.

Carl von Linné, der berühmte schwedische Botaniker und Arzt, studierte im 18. Jahrhundert mit seinem Mitarbeiterstab den größten Teil der Pflanzen in aller Welt und teilte sie in sein bis heute gültiges System von Pflanzenfamilien ein. Im Rahmen dieser Arbeiten erfaßte er auch die Teepflanze, allerdings als nur eine Stammpflanze, und nannte sie *Thea sinensis L.* Von Botanikern in späteren Jahren wurde dann festgestellt, daß sich die Pflanze an den neuen Standorten assimiliert und auch etwas verschieden entwickelt hatte. Sie benannten dann die zu den Kamelien bzw. der Familie der Theaceae gehörende *Thea sinensis* neu *Camellia sinensis* und bezeichneten auch entsprechend weitere Arten der Teepflanze nach ihren Standorten.

Die beiden Stammpflanzen des Tees sind immergrüne Bäume und ursprünglich in Asien (im Raume Darjeeling, Assam und China) beheimatet. Die Camellia sinensis wird im Ursprungsgebiet vier bis sechs Meter hoch, die Camellia assamica bis zu neun Meter, unter idealen Bedingungen sogar zwölf Meter und mehr. Nach einigen Botanikern handelt es sich bei der C. assamica allerdings um eine verwilderte Form der C. sinensis.

Die Teepflanze ist ein immergrüner Strauch oder Baum. Die wechselständig angeordneten Blätter sind länglich-eiförmig, spitz zulaufend und sehr fein gezahnt. Die Blüten sind weiß, weisen fünf Blütenblätter auf und duften angenehm. Die Früchte sind dreikantig und etwas verholzt. Der Teebaum braucht tropisches oder subtropisches Regenwaldklima und gedeiht dort bis auf Höhen von 2100 m ü.M. Je höher die Regionen, desto kleiner werden die Teebüsche und desto geringer ist auch der Ertrag.

In den typischen Hochlandregionen wie Darjeeling und Assam sowie in den subtropischen Anbaugebieten beschränkt sich das Pflücken auf die Sommersaison. In wenigen tropischen Gebieten, auf Höhen von etwa 1000 m ü.M., wie etwa den Anbaugebieten in Malaysia, wird sogar das ganze Jahr geerntet.

Um günstigere Erntebedingungen zu erreichen, werden die Bäume strauchartig kultiviert. Deshalb kann man je nach Standort und Kultivierung von einem Teebaum, Teestrauch oder Teebusch sprechen. Von den meisten Teespezialisten wird die Camellia sinensis bevorzugt. Der Grüne Tee stammt beinahe ausschließlich von dieser Art bzw. von der C. japonica in Japan.

Zur Kultivierung der Teepflanze werden heute noch zwei Methoden angewandt. Nach traditioneller Art werden die Samen unter feuchtem Sackgewebe vorgekeimt, bevor man sie in Saatbeete oder Kunststofftöpfchen pflanzt. Allgemein üblich ist jedoch die vegetative Vermehrung durch Stecklinge in Gewächshäusern oder unter Plastikdächern.

In den traditionellen Teegebieten werden die Blätter während der Saison in verschiedensten Stadien wöchentlich von Hand geerntet, meist von Pflückerinnen. Eine allgemeine Regel ist, daß beim Handpflücken die neuen Triebe in Form von zwei Blättern und einer Knospe geerntet werden. In vielen neueren «Teegärten» (Teeplantagen) der modernen Länder (etwa Malaysia) wird maschinell geerntet. Selbstverständlich ermöglicht nur die aufwendige Handpflückmethode die übliche traditionelle Qualitätsunterscheidung der Ernte in ältere und jüngere Blätter oder sogar nur Triebe, die dazu noch in viele Sortierungsgrade unterteilt werden.

Handpflückung und maschinelle Ernte werden auf einigen Teeplantagen in Japan kombiniert, indem die erste Frühjahrsernte (first flush) als erlesene, sehr hohe Qualität von Hand gepflückt wird und die späteren Ernten maschinell eingeholt werden.

Geübte Pflückerinnen bringen täglich eine Ernte von 30–35 kg frischem Tee ein. Daraus ergibt sich eine Menge von 7–9 kg getrocknetem, gebrauchsfertigem Tee.

Traditionelle Handpflückerinnen in Japan.

Vorangehende Doppelseite: Teeplantage im japanischen Landkreis Shizuoka. Die Teepflanze, ursprünglich als Baum wachsend, wird in den Plantagen als «Busch» kultiviert.

TEE UND WELTGESCHICHTE

Aus den ältesten chinesischen Schriften geht hervor, daß der Tee in China bereits im Jahre 2700 vor unserer Zeitrechnung als Heilmittel genutzt wurde.

Jede Geschichte, die sich über Jahrtausende erstreckt, beginnt mit Legenden, und so ist es auch beim Tee.

Die wohl älteste chinesische Tee-Legende erzählt, daß im Jahre 2737 v. Chr. der damalige Kaiser Shen Nung die Heilwirkung des Tees kennenlernte, als zufällig von einem Baum ein Teeblatt in den darunter stehenden Kochtopf voller Wasser gefallen sei.

Eine buddhistische Legende berichtet von einem Bodhi-Dharma (Mönch), dem während der Meditation immer die Augen zufielen. Als Kasteiung gegen seine Müdigkeit schnitt er sich deshalb seine Augenlider ab und warf sie zu Boden. Diese trieben Wurzeln in die Erde, und als Symbol ewiger Wachsamkeit entstand aus den Trieben der erste Teestrauch.

Es ist kein Zufall, daß die handelnde Person der zweiten Legende ein buddhistischer Mönch ist, waren es doch in erster Linie die Mönche, die in ihren Klostergärten den Tee kultivierten und ihre Teekultur in China, Tibet und Teilen Indiens sowie in Japan verbreiteten.

Von der Legende zur Realität

Sicher interessiert uns alle die Frage, wie der Mensch überhaupt in alten Zeiten zum Wissen kam, daß eine Wurzel, ein Blatt oder eine Blüte für ein ganz bestimmtes Organ im menschlichen Organismus zur Heilung eingesetzt werden kann. Die Annahme, daß die Menschen in früheren Zeiten einfach durch Experimente zu diesem Wissen gelangten, indem sie einem kranken Menschen Aufgüsse, Abkochungen oder Extrakte von Pflanzen verabreichten, oft sogar von vielleicht sehr giftigen Pflanzen, und dann je nach Resultat etwa beim Tod des Menschen zur Überzeugung kamen, eine Pflanze sei giftig, oder bei Heilung eben, eine Pflanze sei eine Heilpflanze, ist bestimmt falsch. Die wohl einzig einleuchtende Erklärung ist, daß die meisten heutigen Menschen ihre Intuition oder ihr «Gespür» zugunsten des Verstandes verloren haben. Wenn wir nichtdomestizierte, also wildlebende Tiere beobachten, stellen wir fest, daß diese Tiere immer imstande sind, zwischen Nahrungspflanzen, Heilpflanzen und Giftpflanzen der einheimischen Vegetation zu unterscheiden. Wir müssen also annehmen, daß bei diesen Tieren die Intuition noch vollkommen funktioniert. Sicher war es bei den Urmenschen und Menschen früherer Generationen ebenso: sie waren eben viel naturverbundener und konnten intuitiv zwischen Nahrungspflanzen, Heilpflanzen und Giftpflanzen unterscheiden.

Die Geschichte des Tees beginnt in China

Zweifellos liegen die Ursprünge des Tees – des Ch'a – in China. Es ist belegt, daß schon unter den ersten Han-Kaisern (202 v. Chr. – 1 n. Chr.) in Sichuan Teepflanzen unabhängig von Klöstern kultiviert wurden. Es dauerte jedoch bis ins sechste Jahrhundert, bis der Tee zum Volksgetränk aller Gesellschaftsschichten in China und Tibet wurde. Bald darauf weitete sich der gartenähnliche Teeanbau auf Teile Indiens und speziell nach Japan aus. Der Tee war nicht nur Volksgetränk, sondern immer auch wichtiger Bestandteil der Zen-Zeremonien des Buddhismus, und er wurde zudem als Medizin hoch geschätzt.

Um das Jahr 800 entstand in China ein Buch, das Ch'a Ching, welches ausschließlich dem Tee gewidmet war. Der Autor war Lu Yu, der als Waisenkind in einem Buddhistenkloster von Mönchen erzogen und als Heilpflanzenspezialist ausgebildet wurde.

Der Tee in Japan

Zweifellos wurde der Tee bereits etwa im 6. Jahrhundert von buddhistischen Mönchen aus China in kleinen Mengen nach Japan gebracht. Mit der Etablierung des Buddhismus in Japan hat sich auch dort das Teetrinken verbreitet. Im 12. Jahrhundert wurden dann die Teepflanzen im großen Stil aus China importiert und in Japan angebaut. Die Teepflanze Camellia sinensis assimilierte sich offenbar in Japan besonders gut, so daß die Botaniker von einer Camellia japonica sprachen.

Die japanische Teekultur hat sich in den Zen-Zeremonien und in profanen Kreisen Japans selbständig entwickelt. Zum Teetrinken in Japan gehört heute noch ein entsprechendes Gesundheitsbewußtsein.

Die Teetradition Japans hat sich in der Produktion verschiedenster Grüntee-Qualitäten (siehe Kapitel «Grün-Tee», Seite 47) vollständig erhalten. In Japan wird ausschließlich Grüner Tee produziert.

Der Tee findet den Weg nach Europa

Im 14. Jahrhundert erreichten über die Seidenstraße die ersten Nachrichten von diesem sonderbaren Getränk Europa.
Der erste Europäer, der sich aus persönlicher Erfahrung in China ernsthaft mit dem Tee befaßte, war der portugiesische Jesuitenpater Jasper de Cruz im Jahre 1560. Die Portugiesen mit ihrer für die damalige Zeit hochmodernen Schiffsflotte beanspruchten auch die ersten Handelsrechte zwischen China und Europa. Damit kam die erste Teehandelsware in Lissabon an. Mit holländischen Schiffen gelangte der Tee weiter nach Frankreich, Holland und in die baltischen Länder. Im Jahre 1602 brach die Allianz zwischen dem portugiesischen und dem holländischen Königshaus. In der Folge beanspruchte Holland die Handelsrechte des Tees für sich allein.

Der Tee in Rußland

Im Jahre 1618 schenkte der chinesische Botschafter in Moskau dem Zaren Alexis einige Kisten Tee. Daraus entstand ein blühender Teehandel von China nach Rußland. Geschichtsbücher berichten von 200–300 Kamelen, die während der Sommermonate ständig als Teekarawanen zwischen China und Moskau unterwegs waren. Das russische Volk schätzte den Tee speziell auch als warmes, energiespendendes Getränk im Winter. Der Samowar, eine nach tibetischem Vorbild entwickelte Kombination zwischen Wasserkocher und Teekrug, gehörte bald zu jedem russischen Haushalt.

Der Tee gelangt nach Amerika

Im Jahre 1650 ließ der berühmte holländische Gouverneur für Neu-Niederland in Amerika, Peter Stuyvesant, den Tee zu den holländischen Siedlern nach New Amsterdam, also dem späteren New York, senden. Der teils mit hohen Steuern belegte Tee fand bald den Weg zu den englischen Siedlern in Amerika, insbesondere nach Boston und in das ganze, allerdings noch schwach bevölkerte Nordamerika.

Die englische Teegeschichte

Erst in den Jahren 1652 bis 1654 erreichten die ersten Teesendungen England. Die anfänglich sehr teure Handelsware Tee war, wie die tropischen Gewürze, eine Exklusivität, die sich nur Adlige und sehr reiche Kaufleute leisten konnten. Als sich England in den Teehandel einmischte, erhöhten sich auch die entsprechenden Handelsmengen, die im Wettstreit zwischen den verschiedenen Flotten Europa und Amerika erreichten. Dadurch wurde der Tee allmählich auch der mittelständischen Bevölkerung zugänglich. So erlebte England, intensiver als alle anderen Länder, einen regelrechten «Teerausch».

In England, aber auch in Frankreich und Holland entstanden neben den bereits bestehenden Kaffeehäusern viele Teehäuser und sogar Teegärten, wo nebst musikalischer Unterhaltung höchste Teekultur gepflegt wurde. Allein in London soll es um das Jahr 1800 über 500 «Tea Houses» and Coffee Houses» gegeben haben.

Die Tradition der «Tea Gardens» und «Tea Rooms» besteht noch heute in ganz England. Meistens fehlt jedoch heute die musikalische Unterhaltung, und die Teequalitäten beschränken sich leider mit wenigen Ausnahmen auf Teebeutel-Niveau. Die ursprünglich so berühmte englische Teekultur hat sich in Indien, Australien und Neuseeland bis heute viel reiner erhalten als in England.

Da der Kaffee vor dem Tee nach Europa kam, blieben die Kaffeehäuser bestehen, servierten jedoch immer mehr Tee. Eine Wende, die mit zunehmendem Gesundheitsbewußtsein auch heute wieder denkbar ist und hoffentlich nicht nur Wunschdenken des Autors bleibt.

Tee-Kolonialismus

Ab Mitte des 19. Jahrhunderts begannen die Engländer den Tee in ihren Kolonien Indien und Ceylon (Sri Lanka) in Plantagen anzubauen. Vorher waren China und Japan die größten Teeproduzenten. Dabei handelte es sich immer um den Grünen Tee, also um das getrocknete, aber nicht fermentierte Blatt der Teepflanze. In Japan wird auch heute noch ausschließlich Grüner Tee produziert.

Erst zu Anfang des 20. Jahrhunderts setzte sich der Schwarztee mit den «neuen» Aromen durch. In den englischen Teeplantagen wurde die Produktion des Schwarztees immer mehr perfektioniert. Diese neue englische Teekultur breitete sich in Europa schnell aus. Die Produktion wurde erhöht und mit den berühmten «Tee-Klippern» der

englischen Handelsflotte im Wettstreit ums Kap Horn nach England gebracht. Die schnellsten Schiffe machten mit der neuen Ernte jeweils auch die besten Geschäfte.
In Ceylon (Sri Lanka) wurden um 1870 die damaligen Kaffeeplantagen, deren Bäume von einer Krankheit befallen waren, niedergebrannt und durch Teepflanzungen ersetzt. Zudem wurden große Urwaldgebiete in den Bergen gerodet und weitere Plantagen errichtet. Die singhalesischen Bauern hatten kein Interesse, ihre kleinen landwirtschaftlichen Betriebe aufzugeben, um bei den Engländern als Plantagenarbeiter tätig zu sein. So holten sich die Engländer Tamilen aus Südindien als Arbeitskräfte, wo diese bis heute noch nicht richtig heimisch wurden.
Ende des letzten und zu Beginn dieses Jahrhunderts haben sich Tee-Anbaugebiete auf Teile Indonesiens, Rußlands, Kleinasiens, Afrika und sogar Südamerika ausgedehnt. Die gesamte Weltproduktion an Tee liegt zwischen 2 und 2,5 Millionen Tonnen pro Jahr.

Teehandel heute

Der heutige Tee-Großhandel liegt meist in den Händen von sogenannten Brokern, die den Tee an den großen Handelsplätzen Kalkutta und Colombo auf Auktionen an Unterhändler in allen Erdteilen verkaufen. Diese Broker, welche äußerst qualitätsbewußt sind, kaufen ihre Ware wenn immer möglich bei den ihnen bekannten Produzenten.

Tee-Ersatz

Zu den Anfangszeiten der Teegeschichte in China war diese kostbare Droge nicht überall erhältlich und sehr teuer. Aus der Geschichte weiß man, daß oft die Blätter wilder Äpfel, Birnen und auch der wilden Teerose als Ersatz für echten Grünen Tee gebraucht wurden.
Während der beiden Weltkriege wurde Tee, wie auch Kaffee, in Europa rar. Analog zu den Kaffee-Ersatzprodukten gab es auch für den Tee Ersatzangebote. So wurden z.B. die Blätter der Silberwurz (Dryas octopetale), einer wunderschönen Alpenpflanze, in Europa als «Schweizer Tee» gehandelt. Im Geschmack lassen sich sicher in der Heilpflanzenwelt ähnliche Drogen wie der Grüne Tee finden, in der Wirkung jedoch sicher nicht.
Auch heute wird der bei den Indios sehr beliebte Mate-Tee (Ilex paraguariensis, siehe Mate-Tee, Seite 32) von vielen Händlern fälschlicherweise immer noch als Grüner Tee gehandelt.

DER NAME «TEE»

Die ursprünglichen asiatischen Namen des Tees sind sich sehr ähnlich: In China ist es «Ch'a», in Indien «Tschaj», in Japan «Cha» und in Rußland «Caj», im Englischen «Tea» und auf Deutsch «Tee».

Zwischen dem ursprünglichen Namen «Chi» für Lebensenergie (heute auch Lichtenergie bzw. Energie der Biophotonen) und dem Namen «Cha» könnte ein Zusammenhang bestehen.

In den Anfängen der europäischen Teegeschichte nannte man das Teegetränk auch in England, Holland und Portugal «Cha», Ende des 17. Jahrhunderts wurde aus dem «Cha» «Tay», etwas später dann «Tee» und «Tea».

Mit dem Teeimport von Asien nach Europa wurde der Name «Tee» auch für unsere Kräuteraufgüsse übernommen. Aus dem Kräuteraufguß wurde dann in unserem Sprachbereich die heute allgemein gebräuchliche Bezeichnung «Kräutertee».

Die Kulturen Asiens, im speziellen China, Indien, Tibet und Japan, kannten als sogenannten «Aufguß» hauptsächlich den Aufguß aus dem Teeblatt, zuerst als Heilmittel und später als Volksgetränk. Die unzähligen anderen Heilpflanzen wurden meist in Form von Pulvern, Pasten, Kräuterpillen, Räuchermitteln und anderen Präparaten genutzt. Im sogenannten Ziegeltee (siehe nächstes Kapitel) sind Aspekte der traditionellen Heilpflanzenpräparate enthalten.

Der «Ziegeltee» ist in China und im Tibet eine traditionelle Art, den Tee in Form kunstvoll hergestellter Tafeln haltbar und handelbar zu machen.

QUALITÄTEN UND GRADATION (SORTIERUNGSGRADE)

Die Qualität eines Tees ist abhängig von

- seiner *Herkunft* (Bodenbeschaffenheit, Höhenlage, Klima),
- der *Pflege* der Teepflanzen (Zurückschneiden, allfälliges Spritzen mit Pflanzenschutzmitteln und Insektiziden, Düngen oder biologische Kultivierung),
- der *Pflückmethode* (Hand- oder maschinelle Pflückung),
- der *Verarbeitung* (Trocknen, Fermentieren, Mischen) zu den verschiedensten Handelssorten.

Die Engländer haben im 19. Jahrhundert den Teeanbau in ihren Kolonien Indien und Ceylon derart perfektioniert, daß die dabei entwickelten Qualitätsbezeichnungen und Sortierungsgrade weltweit anerkannt wurden und auch heute noch aktuell sind.
Eine Unterteilung der Qualitäten nach diesen traditionellen Sortierungsgraden ist vollständig nur noch dort möglich, wo das Pflücken von Hand erfolgt. Aus Rationalisierungsgründen wird in modernen Plantagen heute leider immer mehr maschinell gepflückt. Dies führt zwangsläufig zu wenigen Einheitsqualitäten. Moderne Länder wie Malaysia kennen praktisch keine Handpflückung mehr.
In Japan wurde die maschinelle Pflückung und Aussiebung derart hoch entwickelt, daß dadurch keine Qualitätsverluste mehr entstehen sollen. Die Analysen der guten japanischen Grünen Tees bestätigen diese Aussagen. Nur noch die teuersten Teesorten und oft die erste Frühjahrsernte (first flush) werden von Hand gepflückt.
In China und Japan sowie praktisch für alle Grünteesorten werden diese Qualitätseinteilungen weniger und nur eingeschränkt gebraucht.

Die Grundlage zur Benennung der verschiedensten *Qualitäten* bilden folgende Bezeichnungen:

Broken

Zerkleinerter Tee, meist in einem «cutter» geschnitten.

Fannings

Zweitfeinste, zweitkleinste Aussiebung, niemals ganze Blätter oder ganze Triebe.

Flowery

Qualitativ hochwertiger Tee mit jungen Blattknospen.

Flush

Neuer Trieb. Als Spitzenqualität gilt ein kleines ganzes Blatt mit Knospe, «one bud and one leaf», mit möglichst gleichem Maß der Blätter und mit reinem Geruch.

First Flush

Erster Austrieb im Frühjahr.

Second Flush

Zweiter Austrieb nach dem Zwischenmonsun (Regenzeit).

Autumnal Flush

Herbstaustrieb nach den großen Monsunregen.

Zwischen diesen Austriebsphasen werden Pflückpausen mit Zurückschneiden der Teesträucher eingeschaltet. Wird während der Regenzeit gepflückt, gibt dies den sogenannten «Regentee».

Orange

Bezieht sich auf das holländische Königshaus «Oranien» und bedeutet einen königlichen Tee, d.h. einen Tee höchster Qualität.

Pekoe

Deutet auf die «weiße» Peccoblüte, auf deren Blattspitzen und die jungen Triebe hin, die beim Pflücken auf der Unterseite noch hell sind. Die Pecco- oder Pekkoblüte ist botanisch keine Blüte, sondern der jüngste Sproß einer Teepflanze, noch mit weißlichem Flaum behaart.

Tip / Tippy

Blattspitzen; der Anteil an jungen Knospenblättchen (Spitzen) ist entsprechend hoch.

Die folgenden Beispiele sind Abkürzungen zur Bezeichnung der *Blattgrade* und *Sortierungen*:

OP

Orange Pekoe (längliches, ganzes Blatt)

FOP

Flowery Orange Pekoe (wie oben, zusätzlich etwas Knospenanteil)

TGFOP

Tippy Golden Flowery Orange Pekoe (dünnes, ganzes Blatt mit hohem Knospenanteil)

BOP

Broken Orange Pekoe (Hauptsorte der «Broken Teas»)

FBOP

Flowery Broken Orange Pekoe (zerkleinerter Tee mit etwas Knospenanteil)

OF

Orange Fannings (zweitkleinste Sortierung, meist für Teebeutel)

Der Autor bei einem Teeproduzenten in Darjeeling (Indien). Täglich wird die Ernte auch als trinkfertiger Tee getestet.

Trotz großer Achtung vor der äußerst wertvollen Teepflanze bin ich der Meinung, daß mit allzu vielen Möglichkeiten von Qualitäts- und Sortierungsbezeichnungen eher ein Kult betrieben wird, der oft zu Unklarheiten führt. Zudem beschränken sich diese Bezeichnungen praktisch auf die ehemaligen Kolonialgebiete von England und somit auf den Schwarztee.

Gegen eine sinnvolle Unterteilung der Qualitäten ist selbstverständlich nichts einzuwenden. Viel wichtiger scheinen mir aber ein möglichst rückstandfreier Tee, der Geschmack, die Herkunft nach Klima und Bodenbeschaffenheit, die einwandfreie Verarbeitung, die Blattgröße und die Inhaltsstoffe bzw. Wirkstoffe zu sein. Unter rückstandfrei verstehe ich einen möglichst geringen oder besser gar keinen Anteil an Schwermetallen, Insektiziden oder Düngemitteln!

Selbstverständlich entsteht im allgemeinen aus einer Handpflückung und einer entsprechenden manuellen, bis ins Detail äußerst gepflegten Verarbeitung eher ein hochwertiger Tee, der sich nach den Aussiebungen gut in die verschiedenen Grade unterteilen läßt, als dies bei maschineller Pflückung möglich ist.

Die beiden Produktionsarten werden wie folgt benannt:

Orthodox

ist die traditionelle Verarbeitung von Hand; sie schließt auch eine Handpflückung durch Pflückerinnen ein.

CTC

steht für «crushing, tearing, curling» und bedeutet «zermalmen, zerreißen, rollen». Diese sehr rationelle Produktionsweise schließt meist auch eine maschinelle Pflükkung ein. Diese moderne, viel kostengünstigere Verarbeitung erlaubt keine Einteilung in Blatt-Tees, sondern ergibt «Broken»- und «Fannings»-Qualitäten. Der oft erwähnte Aromaverlust durch dieses Verfahren wird von Spezialisten der modernen Technik bestritten. Insbesondere scheint auch bei einer sorgfältigen maschinellen Pflückung und Verarbeitung der Wirkstoffgehalt des Tees noch optimal vorhanden zu sein. Der weitaus größte Teil der Weltproduktion entsteht heute nach dem CTC-Verfahren.

KLEINES TEELEXIKON

Afternoon Tea
Dies ist keine Teesorte, sondern nach englischer Tradition ein Nachmittagstee mit kleinen Sandwiches und Scones (typisches englisches Teegebäck; siehe auch Rezepte, Seiten 86 und 87).

Assam Tea
Tee (Schwarztee) von der Camellia assamica, stammt meist, jedoch nicht zwingend, aus Assam (Ostindien). Auch Teeproduzenten in Darjeeling kultivieren Assam-Tea.

Assam Green Tea
siehe unter Kapitel «Grüner Tee»

Bancha
siehe unter Kapitel «Grüner Tee»

Black Tea
Sammelbegriff für alle fermentierten Tees, d.h. Schwarztees. Siehe Kapitel «Schwarztee».

Blend/Blended Tea
Teemischungen, oft kunstvoll zusammengestellte Tees verschiedenster Herkunft, meist eine Spezialität der traditionellen englischen Teehäuser und Teeproduzenten.

Bread and Butter Tea
siehe Regentee

Cream Tea
Dies ist keine Teesorte, sondern nach englischer Tradition ein Nachmittagstee mit Scones, Crème double und Marmelade.

Darjeeling
Das berühmteste Teeanbaugebiet im Nordosten Indiens. Der Tee wächst hier auf dem Hochland zwischen 1000 und 2400 m ü.M. Darjeeling ist bekannt für die Produktion von hochwertigem, «blumigem» Tee, meist Schwarztee. Seit einigen Jahren wird in Darjeeling wieder vermehrt auch Grüner Tee produziert.

Dust
In kleinste Teilchen zerriebener Tee, meist für Teebeutel.

Earl Grey
Schwarztee, mit reinem Bergamottöl (Öl aus einer Zitrusfrucht/Urorange) aromatisiert.

Englische Mischung
Meist eine Mischung aus Tees der ursprünglichen englischen Kolonialgebiete Darjeeling, Assam und Sri Lanka (Ceylon).

Garden Tea
«Gartentee» ist ein Tee, dessen Herkunft, d.h. dessen Teegarten

(Teeplantage) genau bekannt und bezeichnet ist. Dies kann ein zusätzliches Gütezeichen bedeuten.

Genmaicha

Es handelt sich um Bancha-Tee, dem geröstete Naturreiskörner beigemischt sind.

Green Tea

Sammelbegriff für nicht fermentierten und nicht oxidierten Tee, d.h. alle Grüntees. Diesem Tee ist dieses Buch hauptsächlich gewidmet. Nur der Grüne Tee enthält noch alle Wirkstoffe; sie machen ihn zu einem geschätzten Volksgetränk und auch zu einem faszinierenden Naturheilmittel.

Gun Powder

siehe unter Kapitel «Grüner Tee»

Gyokuro

siehe unter Kapitel «Grüner Tee»

High Tea

Dies ist keine Teequalität, sondern ein traditionelles Teetrinken zu Ehren des englischen Königshauses. Im Buckingham-Palast wird täglich zwischen vier und fünf Uhr nachmittags der sogenannten High Tea serviert; dazu gehören ebenso traditionelle kleine Sandwiches und Scones.

Auch heute noch wird in traditionellen Hotels in Australien, Indien und sogar Singapur der High Tea serviert.

In England hat sich die Tradition, d.h. die Bedeutung des «High Tea», schon vor Jahrzehnten geändert. «High Tea» bedeutet heute ein kleines frühes Nachtessen (siehe auch «Afternoon Tea» und «Cream Tea»).

Honjicha

siehe unter Kapitel «Grüner Tee»

Iced Tea (Ice Tea)

Eistee ist ganz einfach Tee mit Eis, kalt als Durstlöscher getrunken. Iced Tea wurde erstmals in den USA erwähnt, anläßlich der Weltausstellung in St. Louis im Jahre 1904. Der junge Kaufmann Richard Blechynden soll dort auf die Idee gekommen sein, anstelle üblicher eisgekühlter Getränke den heißen Tee in ein Glas mit Eiswürfeln zu füllen. Sein Iced Tee wurde zum großen Erfolg.

Heute wird Eistee als Instant Tea in Form von Kräutermischungen aller Art und mit Zusätzen verschiedenster Aromen angepriesen; er hat mit dem ursprünglichen Iced Tea meist nichts mehr zu tun. Eistee, der im Handel erhältlich ist, gibt keine Garantie für die Qualität der verwendeten Teesorte. Einen guten Eistee stellt man am besten selber her (siehe auch Rezepte, Seiten 74 und 76).

Instant Tea

Ein direkt löslicher Pulvertee, hergestellt durch verschiedene Trocknungs- und Extraktionsverfahren, etwa 40% des US-Teemarktes. Geschmack und Qualität entsprechen niemals den Ansprüchen von Teeliebhabern.

Jasmin Tea

Echter Jasmintee ist halbfermentierter chinesischer Tee mit Zusatz von echten Jasminblüten. Vorsicht vor aromatisiertem Tee mit Jasmin-Aromastoffen!
Jasmintee als halbfermentierter Tee ist deshalb eine Alternative zu Grünem Tee, weil er in den Restaurants oft erhältlich ist, während der Grüne Tee meistens fehlt.

Keemun

Aus Keemun in China (Provinz Anhui) stammt traditionsgemäß ein erstklassiger, äußerst sorgfältig verarbeiteter Schwarztee.

Lapsong-Souchong

Großblättriger Schwarztee aus China mit Rauchgeschmack, auch Rauchtee genannt, hergestellt durch «Rösten» auf einem Feuer aus harzigem Holz oder oft nur künstlich aromatisiert.

Mattcha

siehe unter Kapitel «Grüner Tee»

Mate-Tee

Yerba Mate – anregendes Genußmittel. Der Mate-Tee stammt nicht von einer Kamelienart, sondern von einer Stechpalmenart (Ilex paraguariensis) in Südamerika. Es handelt sich also weder um Schwarztee noch um Grüntee. Allerdings wird der Mate-Tee von einigen Lieferanten fälschlicherweise als Grüntee angeboten. Der Mate-Tee hat mit dem Grüntee und dem Schwarztee nur eines gemeinsam, daß nämlich alle diese Drogen Koffein enthalten.

Mongra

siehe unter Kapitel «Grüner Tee»

Oolong

Halbfermentierter Tee aus China oder Taiwan (Formosa).

Regentee

Auch «Bread and Butter Tea» genannt. Dies ist Tee, der während der Regenzeit geerntet wird, meist von geringer Qualität.

Scented Tea

Sammelbegriff für aromatisierte Tees. Qualitativ meist nicht sehr wertvolle Schwarzteesorten, die z.T. mit echten ätherischen Ölen, synthetischen, naturidentischen Ölen oder in vielen Ländern immer noch mit gesundheitlich sehr problematischen sogenannten Fruchtestern aromatisiert sind.
Alle diese Tees sind von echten Teeliebhabern sehr verpönt und können, auch wenn «natürlich» aromatisiert, bereits durch die hohe Konzentration dieser Aromastoffe die Gesundheit gefährden.

Sencha

siehe unter Kapitel «Grüner Tee»

Spiced Tea

Ein «Gewürztee» ist Schwarztee, dem meist tropische Gewürze wie

Zimt, Ingwer, Kardamom, Sternanis, Nelkenpfeffer, Nelken, Vanille usw. beigemischt sind. Solche Tees sind in Europa besonders im Winter beliebt. Sie bieten keine Garantie für gute Teequalität und sind oft noch zusätzlich mit ätherischen Ölen usw. aromatisiert.

Teebeutel

Im Jahre 1904 soll der New Yorker Teehändler Thomas Sullivan seinen Kunden Teemuster in kleinen Seidensäcklein verschickt haben. Damit hat er wahrscheinlich die Teebeutel erfunden.

Inzwischen werden weltweit etwa 70–80% aller Tees (Schwarztee, seltener Grüntee) in Teebeuteln vertrieben und so getrunken. Sicher ist die Qualität der Beuteltees in den letzten Jahren stark verbessert worden, dennoch ist die Qualität sehr unterschiedlich. Teebeutel sind daher eher eine Konzession an die Bequemlichkeit, so z.B. am Arbeitsplatz oder auf der Reise. Moderne Teebeutel sind sogar Doppelkammerbeutel, und das wohl beste, neutralste Material ist Faserflies. Die Teebeutelqualitäten erfüllen die höchsten Ansprüche an Geschmack und Auswahl nur selten.

Thé à la menthe

Spezialität und traditionelles Getränk der Araber, Berber und Beduinen in Nordafrika. Diese Art Tee besteht aus Grüntee mit frischen Blättern der arabischen Minze und wird mit viel Zucker zubereitet. Vorsicht vor Tee, der mit Pfefferminzaroma aromatisiert ist!

Thea viridis

siehe unter Kapitel «Grüner Tee»

Yerba Mate

siehe Mate-Tee

Weißer Tee

Eine Rarität, ursprünglich aus Kwangsi, China. Feinster, milder Tee; die jungen, noch flaumbedeckten Triebe werden nur luftgetrocknet.

Ziegeltee

Eine in China, Tibet und der Mongolei traditionelle Art, Tee haltbar und handelbar zu machen. Dabei wird getrockneter Tee in einem Mörser zerstoßen, mit Reiswasser gemischt und dann in spezielle Formen gepreßt. Solche «Ziegel» sind meist mit Ornamenten und Namen verziert (siehe Abbildung Seite 25).

The Regency Restaurant & Tearooms

26-28 The Pantiles, Tunbridge Wells, Kent TN2 5TN Telephone: 0892 525353

See our board for delicious home-made specials

— SPECIALITY TEAS —

Pot per person:

Traditional English, Darjeeling, Earl Grey, Assam, China,
Lapsang Souchong, Rose Pouchong, Ceylon 95p

Pure Camomile, Pure Peppermint, Mixed Fruit, Rosehip & Hibiscus,
Fennel & Lemon Balm, Camomile & Spearmint 95p

Lemon 90p

The tea of connoisseurs for almost 300 years

— TRADITIONAL ENGLISH TEAS —

Served all day

Cream Tea – Two Home Baked Scones, Cream and Jam, Pot of Tea
£3.20 per person

Afternoon Tea – Round of Sandwiches,
Two Scones with Cream and Jam, Pot of Tea
£5.25 per person

High Tea – Plaice and Chips, *or* Lemon Sole Goujons and Chips,
Bread and Butter, Ice cream, Pot of Tea
£5.50 per person ***(Goujons 20p extra)***

— HOME MADE CAKES & DESSERTS —

DIE WIRKSTOFFE DES TEEBLATTS

Die hauptsächlichen Wirkstoffe des Teeblatts sind Koffein (früher Teein, Tein oder Thein genannt), Gerbstoffe (Flavonole), Theophyllin, Theobromin, Fett, Wachs, Saponine, ätherische Öle, Catechine, Karotin, viel Vitamin C, ferner die Vitamine A, B_1, B_2, B_{12}, E und P, Fluoride, Eisen, Magnesium, Kalzium, Strontium, Kupfer, Nickel und Zink, Spurenelemente wie Molybdän und Phosphor sowie über 300 weitere, z.T. aromatische Substanzen. Der mengenmäßige Anteil dieser Wirkstoffe variiert je nach Anbaugebiet (Höhenlage, Klimazone) und Wachstumsstadium des Blattes. In jungen Blättern und Knospen ist der Koffeingehalt am größten. In älteren Blättern ist der Gerbstoffgehalt entsprechend höher.

Wie alle getrockneten Pflanzenteile, die in der Naturheilkunde eingesetzt werden, wird auch der Tee in der Fachsprache als Droge bezeichnet. Der Name Droge stammt aus dem Nieder- oder Plattdeutschen und weist auf «trocken» und «trocknen» hin. Damit sind also nicht sogenannte «harte Drogen» oder Suchtdrogen gemeint. Die entsprechenden Handelsgeschäfte wurden «Drogerey» und später Drogerie genannt.

Die Inhaltsstoffe aller pflanzlichen Drogen dürfen trotz der modernsten und raffiniertesten Analysemethoden nicht als Monosubstanzen angesehen oder beurteilt werden. Isolierte Monosubstanzen wirken grundsätzlich völlig anders als Kombinationen aus natürlich vorhandenen Wirkstoffen. Pflanzen und deren Organe (Blätter, Blüten, Wurzeln usw.) sind mit allen ihren natürlichen Komponenten harmonisch gewachsen und müssen darum ganzheitlich beurteilt werden. Es ist die Summe *aller* in der Pflanze vorhandenen Inhaltsstoffe, die für die Wirkungen auf den menschlichen Organismus verantwortlich ist.

Beim schonenden Trocknen verändern sich die Wirkstoffe meistens nicht. Es handelt sich dabei um eine natürliche Konservierung, die der Mensch von der Natur gelernt hat. Ein typisches Beispiel sind getrocknete Samen, die bei optimaler Lagerung ihre Keimfähigkeit über viele Jahre behalten.

Fermentationen und Oxidationen, wie sie bei der Verarbeitung des Schwarztees eintreten, sind hingegen biochemische und chemische Vorgänge, die auch entsprechende Veränderungen der Wirkstoffe einer Droge bewirken. So ist es erklärlich, daß der Schwarztee gegenüber dem Grünen Tee bezüglich Wirkung und Geschmack große Unterschiede aufweist.

DIE ANREGENDE WIRKUNG DES SCHWARZTEES UND DES GRÜNEN TEES

Unabhängig von der Teesorte bestehen teils komplizierte Zusammenhänge zwischen verschiedenen Faktoren, welche die mehr oder weniger anregende Wirkung des Tees ausmachen. Solche Faktoren sind das Wachstumsstadium des Blattes, die Zeit des Ziehenlassens und selbstverständlich auch die Dosierung.

Die anregende Wirkung des Tees beruht auf dem Alkaloid Koffein, das im Teeblatt an Gerbstoffe gebunden ist. Da Koffein im heißen Wasser gut löslich ist, wird im Aufguß in den ersten 1–2 Minuten fast die gesamte vorhandene Menge Koffein ohne die Gerbstoffe gelöst. Das Resultat bei kurzem Ziehenlassen ist also ein Getränk mit hohem Gehalt an Koffein, das nicht mehr an Gerbstoffe gebunden ist und beim Genuß des Tees sehr schnell resorbiert (aufgenommen) wird. Das Koffein wirkt u.a. anregend auf das Zentralnervensystem und die Gehirnfunktionen.

Bei längerem Ziehenlassen, nach etwa 4–8 Minuten, lösen sich allmählich auch die Gerbstoffe sowie die vielen weiteren Wirkstoffe des Tees. Die Gerbstoffe haben die Eigenschaft, die Resorption (Aufnahme) des Koffeins im Magen und Darm teilweise zu verhindern oder zu verzögern. Dieser länger angesetzte Aufguß ist zwar im Aroma viel kräftiger, jedoch wirkt das darin enthaltene Koffein schwächer bzw. verzögert. Die Erfahrung beweist, daß sich diese verzögerte Wirkung beim täglich öfteren Teetrinken zusätzlich noch durch die kumulative Wirkung des Koffeins bis auf 10–12 Stunden ausdehnen kann. Sensible Menschen können daher durch einen überdosierten «Afternoon Tea» (speziell Schwarztee) auch zu später Nachtstunde noch im Schlaf gestört werden.

Mit Sicherheit wirkt aber ein länger (4–8 Minuten) angesetzter Tee niemals beruhigend, da das Teeblatt ganz einfach überhaupt keine beruhigenden Wirkstoffe enthält und solche auch bei längerem Ziehenlassen nicht entstehen können. Somit ist ein Hinweis «beruhigend», wie er oft auf Teepackungen vorkommt, falsch und mißbräuchlich, beim Schwarztee und beim Grünen Tee absolut falsch und irreführend. Ein Hinweis «stark anregend (bei kurzem Ziehenlassen)» oder «schwach anregend (bei längerem Ziehenlassen)» wäre richtig und sinnvoll.

Die Koffeinmenge kann reduziert werden, indem die für die Teebereitung vorgesehene Menge Teekraut mit wenig kochendem Wasser übergossen und nach einer halben Minute wieder abgesiebt wird. Nach diesem Prozeß wird der Tee wie üblich angegossen.

Durch eher schwache Dosierung (max. ein gestrichener Teelöffel pro Teetasse) des Teekrauts und längeres Ziehenlassen (4–6 Minuten) – selbstverständlich ohne Zusatz von Zucker oder künstlichen Süßstoffen – erhalten wir den bekömmlichsten Tee. Der durch nur kurzes Ziehenlassen bereitete Tee ist jedoch im Aroma milder.

Tee wirkt in Maßen getrunken wohl anregend, aber nicht aufregend. Entgegen früheren Annahmen ist diese anregende Wirkung nicht blutdruckerhöhend (siehe auch «Heilwirkungen des Grünen Tees»). Bei übermäßiger Koffeinzufuhr ist jedoch auch eine Blutdruckerhöhung möglich.

KOFFEIN – SUCHTMITTEL ODER MEDIZIN?

Über ein Jahrhundert lang war das Koffein der bekannteste Wirkstoff, der aus dem Tee, den Kaffeebohnen und weiteren pflanzlichen Drogen isoliert und analysiert werden konnte.
Tee enthält, wie schon erwähnt, einige hundert inzwischen bekannte Wirkstoffe. Dazu gehören auch die Catechine, ganz speziell das Epigallocatechin (siehe «Die Erforschung des Grünen Tees durch Dr. Hirota Fujiki», Seite 58), und andere, die für die gesundheitlichen Wirkungen des Tees eine viel größere Rolle spielen als das Koffein. Das Koffein hat deshalb eine besondere Stellung, weil man seit Jahren davon spricht und auch seine anregenden Wirkungen studiert hat.
Der Begriff Thein (Teein), wie das Koffein des Tees lange genannt wurde, wird in der Fachsprache nicht mehr verwendet, da es dem Koffein chemisch gleichgestellt ist und sich nur durch seine Bindung an verschiedene andere Stoffe unterscheidet (siehe Kaffee und Tee im Vergleich, Seite 45).

Koffein als Monosubstanz

Chemisch gehört Koffein zu den in verschiedenen Pflanzen vorkommenden Xanthinderivaten mit der genauen Bezeichnung 1,3,7-Trimethylxanthin. Mit ähnlichen chemischen Formeln gehören auch die beiden Alkaloide Theophyllin und Theobromin zu den Wirkstoffen, welche meist in geringen Mengen in denselben Pflanzen vorhanden sind wie das Koffein.
Koffein ist bereits im Jahre 1820 von einem Chemiker als sogenannte Monosubstanz isoliert worden. Goethe soll diesem Chemiker einige Kaffeebohnen gegeben haben mit dem Auftrag, sie zu analysieren und die Wirkung auf Mensch und Tier zu studieren. Aufgrund dieser frühen Isolierung (Herauslösung) des reinen Koffeins wurde dieser Wirkstoff für lange Zeit als Hauptwirkstoff des Tees und des Kaffees angesehen.
Die diesbezüglichen Forschungsergebnisse werden seit vielen Jahrzehnten immer wieder erweitert.

Die koffeinhaltigen Pflanzen der Welt (nebst der Teepflanze)

Kakao (Cacao), botanischer Name: Theobroma cacao (Sterculiaceae)
Der Kakao-Baum ist in Zentralamerika heimisch und wird in vielen tropischen Ländern angebaut. Der Kakao wird aus den Samen gewonnen, die 0,05–0,4% Koffein enthalten. Die frischen Kakao-Samen werden mit ihrer Pulpa (dem samenumgebenden Fruchtmark) fermentiert und dann geschält. Durch Einschmelzen wird die Kakao-Butter von der reinen Kakao-Masse getrennt.

Guarana, botanischer Name: Paullinia cupana (Sapindaceae)
Dieser Baum ist in Brasilien heimisch und wird zum Teil in Zentralamerika angebaut. Verwendet werden die Samen. Die daraus hergestellte Paste enthält 4–8% Koffein und wird als Bestandteil von Aufputschdrinks verwendet.

Kaffee, botanischer Name: Coffea arabica (Rubiaceae)
Der Kaffeebaum ist in Ostafrika, hauptsächlich in Äthiopien, heimisch und wird weltweit in tropischen Gebieten kultiviert. Die Samen (Kaffeebohnen) enthalten roh 0,7–2,6% Koffein, geröstet 1,3–2,9% Koffein.

Cola, Kolanuß, botanischer Name: Cola nitida (Sterculiaceae)
Der Colabaum stammt aus dem tropischen Afrika. Der Samen (Colanuß) enthält 1,5–3,5% Koffein.

Mate, botanischer Name: Ilex paraguariensis (Aquifoliacaae)
Mate, eine Stechpalmenart, ist im subtropischen Südamerika heimisch. Die Blätter enthalten 0,3–1,5% Koffein.

Die genannten Pflanzen haben gemeinsam, daß sie Koffein in verschiedenen Kombinationen enthalten und daß sie alle tropische Gewächse sind. Allenfalls gedeihen sie, wie die Teepflanze und der Mate-Baum, auch in subtropischen Gegenden. Alle diese Bäume wurden von alters her von der jeweiligen einheimischen Bevölkerung als Genuß- und Heilmittel gebraucht. Nur dank dieser Vorbilder war es möglich, aus diesen Drogen allmählich verfeinerte Genußmittel – wie z.B. Schokolade aus dem Kakao, Genußtees aus den Tee- und Mate-Blättern, anregende Getränke aus der Kolanuß und dem Kaffee – herzustellen und sie teils auch als Heilmittel zu verwenden.

Koffeinhaltige Produkte

Außer im Tee, im Kaffee und in den Genußmitteln wie etwa den Cola-Getränken oder den aufputschenden Drinks, die Guarana enthalten, finden wir Koffein in verschiedenen pharmazeutischen Präparaten, die gegen Migräne, Kopfweh und rheumatische Krankheiten eingesetzt werden. Koffein, das nicht als Monosubstanz, sondern als Extrakt aus der Kolanuß oder dem Kaffee verarbeitet wird, ist in der Homöopathie als Schlaf- oder Beruhigungsmittel sehr beliebt.

Eine Analyse neueren Datums zeigt im Vergleich den Koffeingehalt von verschiedenen Getränken, die normal dosiert hergestellt wurden:

Getränke	*100 ml / 1 dl*	*Koffein*
Grüner Tee Fuji aus biologischem Anbau	enthält	46 mg
Grüner Tee Gun Powder	enthält	36 mg
Bancha-Tee	enthält	13 mg
Schwarztee Darjeeling	enthält	45 mg
Mate-Tee	Mate-Aufguß enthält	18 mg
Kaffee / Normalkaffee	enthält je nach Herstellungsart und Kaffeesorte	66–98 mg
Espresso	enthält je nach Espresso-Maschine und Kaffeesorte	177–354 mg
Kakao-Drink	enthält	7 mg
Cola-Getränk	Cola-Limonade enthält	9 mg

Durchschnittlicher Koffeingehalt umgerechnet auf die in westlichen Ländern üblichen Maßeinheiten:

1 Teetasse	170 ml / 1,7 dl	Grüntee Fuji	78 mg
1 Teetasse	170 ml / 1,7 dl	Grüner Tee Gun Powder	61 mg
1 Teetasse	170 ml / 1,7 dl	Bancha-Tee	22 mg
1 Teetasse	170 ml / 1,7 dl	Schwarztee Darjeeling	77 mg
1 Teetasse	170 ml / 1,7 dl	Mate-Tee	31 mg
1 Kaffeetasse	150 ml / 1,5 dl	Normalkaffee	123 mg
1 Espressotasse	50 ml / 0,5 dl	Espresso	133 mg
1 Kaffeetasse	150 ml / 1,5 dl	Kakao	11 mg
1 Flasche	300 ml / 3,0 dl	Kakao-Drink	21 mg
1 Flasche	300 ml / 3,0 dl	Cola-Drink	27 mg

Bei der Zubereitung der Tees und der Kaffees für die nebenstehenden Berechnungen wurde berücksichtigt, daß sich höchstens 85% des gesamten Koffeingehaltes eines Rohprodukts für das fertige Getränk lösen lassen.
Aus dieser Zusammenstellung der Koffeinanalyse können Sie, liebe Leserinnen und Leser, Ihren täglichen Koffeinkonsum selber errechnen. Interessant ist eine solche Studie insbesondere auch für den Koffeinkonsum Ihrer Kinder, wobei man noch die Guarana-haltigen Genußmittel (als «Getränk» möchte ich diese Aufputschdrinks nicht bezeichnen) dazurechnen muß.
Beim weiteren Studium dieses Buches werden Sie auch erfahren, wie verschieden das Koffein im Kaffee oder im Tee wirken kann.

Die Wirkung des Koffeins

In den üblichen Dosen von 50–200 mg wirkt das Koffein vorwiegend auf die Großhirnrinde. Ermüdungserscheinungen jeder Art werden dabei aufgehoben. In höheren Dosen werden das Vasomotoren- und das Atemzentrum erregt. Die Tatsache, daß dabei der Blutdruck nicht ansteigt, beruht darauf, daß gleichzeitig Haut-, Nieren- und Koronargefäße erweitert werden.
Eine Blutdruckerhöhung erfolgt erst durch übermäßig hohe Koffeindosen. Zu hohe Dosen verursachen Ruhelosigkeit, Gedankenjagen oder gar Herzrhythmusstörungen. Echte Vergiftungen mit Koffein bzw. koffeinhaltigen Präparaten sind sehr selten. Allerdings wurde von der Medizin auch eine tödliche Dosis für Koffein errechnet, und diese liegt für den Menschen bei etwa 10 g. *Um sich mit Koffein umzubringen, müßte man in sehr kurzer Zeit ca. 80 Tassen Kaffee oder ca. 140 Tassen Tee trinken, was praktisch unmöglich ist.*
Während der Schwangerschaft kann eine oft wiederholte Überdosis von Koffein, d.h. mehr als 600 mg pro Tag, abortiv wirken. Eine solche Koffeinmenge entspricht jedoch einer Tagesmenge von mindestens vierzehn Tassen eines Tees mit dem höchsten vorkommenden Koffeingehalt.
Bei den meisten Menschen wirkt Koffein in den entsprechenden Getränken auf Meereshöhe schwächer und die gleiche Menge, auf einer Höhe von 1000 m ü.M. eingenommen, merkbar stärker.

Nach dem Kaffeegenuß tritt die Koffeinwirkung relativ rasch ein, erreicht nach ca. 30 Minuten das Maximum und klingt allmählich innerhalb von 2–3 Stunden wieder ab. Nach Teegenuß ist der Wirkungseintritt auch bei gleicher Menge Koffein verzögert, die Wirkungsdauer jedoch verlängert (siehe auch Abschnitt «Kaffee und Tee im Vergleich», Seite 45).

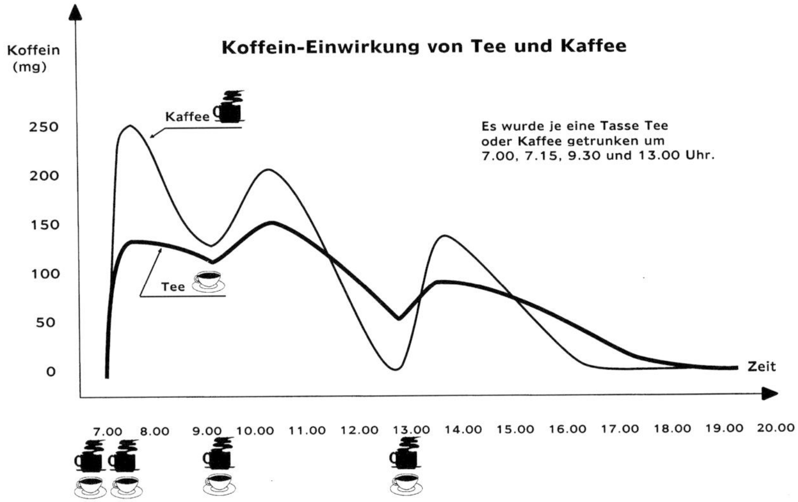

Dies beweist, daß Koffein nur als isolierte Monosubstanz in der Wirkung genau festgelegt werden kann. Ist das Koffein in den Organen von Pflanzen vorhanden, wirkt es eben wegen seiner Bindung an Gerbstoffe, Chlorogensäure usw. und des Vorhandenseins vieler anderer Wirkstoffe sehr verschieden. Dieses Phänomen ersehen wir auch aus den unterschiedlichen Wirkungen von Schwarztee und Grünem Tee. Die Naturheilkunde lehrt, daß es eben nicht die Wirkstoffe als Monosubstanzen sind, die eine Gesamtwirkung auslösen, sondern die Summe aller Wirkstoffe, die von der Natur harmonisch als Ganzheit hergestellt werden.
Die Wirkung des Koffeins wird verstärkt einerseits durch den natürlichen Gehalt an den koffeinähnlichen Wirkstoffen Theophyllin und Theobromin im Kaffee, Tee usw. und andererseits durch den sogenannten Synergismus von Koffein mit Alkohol. In einem Tee-Rum oder Kaffee-Schnaps wirkt deshalb der beigemischte Alkohol synergistisch, d.h. verstärkend auf das Koffein in diesen Getränken.

Nach oraler Einnahme, also z.B. durch Trinken von Tee oder Kaffee, wird das Koffein aus dem Kaffee rasch und aus dem Tee langsamer resorbiert, jedoch in beiden Fällen praktisch vollständig. Die daraus entstehenden Abbauprodukte im Urin sind Di- und Monomethylxanthin, Monomethylharnsäure usw.

Koffein-Allergien

Solche Allergien sind eher selten, aber es gibt sie. Eine Koffein-Allergie erzeugt nach der Einnahme von Kaffee, Tee und sogar Schokolade während einiger Zeit (1–3 Std.) einen mehr oder weniger starken Juckreiz, meist am ganzen Körper.

Versuche mit Allergikern haben interessanterweise ergeben, daß diese nach der Einnahme von Grünem Tee absolut keine allergischen Reaktionen zeigten! Erklären kann ich mir dieses Phänomen damit, daß Koffein nur in fermentierten, oxidierten oder gerösteten Produkten, also in Schwarztee oder Kaffee, Allergien auslösen kann. Bei diesen Verarbeitungsprozessen, auch bei der Kakao- bzw. Schokoladenherstellung, geht das Koffein neue Verbindungen ein, was beim Grüntee nicht der Fall ist. Wahrscheinlich handelt es sich bei den Koffein-Allergien um Allergien auf die verschiedenen Koffeinverbindungen und nicht auf reines Koffein.

Macht Koffein süchtig?

Selbst bei täglicher Zufuhr von Koffein in natürlichen Produkten treten keine bleibenden Schäden auf. Vegetativ labile Menschen reagieren bei Überdosen jedoch oft mit Schlaflosigkeit, innerer Unruhe usw. Bei älteren Menschen kann Koffein dagegen das Einschlafen fördern, was wahrscheinlich mit der verbesserten Durchblutung des Hirns und gesteigerter Herztätigkeit zu tun hat.

Sucht ist ein Zustand, der durch wiederholten Gebrauch von Drogen (Rauschmittel-, Arzneimittel-, Alkohol-, Nikotinmißbrauch) entstehen kann. Die Sucht ist gekennzeichnet durch psychischen und/oder physischen Zwang, den auslösenden Stoff weiterhin zu nehmen, und die Dosis ständig zu erhöhen. Mildere Suchtarten, ohne die kritischen Kennzeichen, äußern sich in körperlichem Unwohlsein bei Weglassen der Droge sowie in psychischer Abhängigkeit.

Für viele Menschen bedeutet Kaffee- oder Teegenuß tatsächlich eine Gewohnheit, die jedoch nicht mit ständiger Erhöhung der Dosierung

einhergeht. Hinzu kommt, speziell beim regelmäßigen Trinken von Grünem Tee, die in vielen Ländern erwiesene Tatsache, daß diese Regelmäßigkeit eindeutig keine Schädigung von Organismus oder Psyche erzeugt.
Die Gewöhnung an die stimulierende Wirkung geht jedoch trotzdem in die Richtung einer Abhängigkeit. Es ist aber so, daß beim Pausieren von diesen Gewohnheiten selbst während Tagen oder Wochen niemals derartige Entzugserscheinungen auftreten, wie man sie bei effektiv Suchtkranken bzw. wirklichen Suchtarten kennt. Ab welchen Tagesmengen die Gewohnheit zur Abhängigkeit führt und wann die Sucht beginnt, darüber lassen wir die Experten streiten oder die Teetrinker selbst entscheiden.
Möchten Sie sich selbst auf die Abhängigkeit von Tee oder auch Kaffee prüfen? Dies ist ganz einfach. Trinken Sie ab einem bestimmten Tag während zweier Wochen weder Tee noch Kaffee und beobachten Sie sich dabei in allen Ihren Reaktionen und Körperfunktionen. Solche Pausen zur Selbstprüfung können sinnvoll sein.

Was können wir aus diesen Erkenntnissen lernen?

Wenn man die Gefahren kennt, ist es leichter, vernünftig damit umzugehen. Paracelsus schon hat uns gelehrt, *daß nichts oder alles Gift ist* und daß es nur auf die Dosierung ankommt. Also gelten auch hier die folgenden Ratschläge:

- Koffeinhaltige Getränke sind nichts für Kleinkinder. Beim Tee haben wir die bereits erwähnte Möglichkeit, durch spezielle Zubereitung den Koffeingehalt stark zu reduzieren oder auf einen sehr koffeinarmen Tee (Bancha) auszuweichen.
- Bei der Zubereitung von Tee ist die richtige Dosierung zu beachten; allenfalls ist abends vor dem Schlafengehen der Teegenuß entsprechend einzuschränken.
- Tee, etwas differenzierter auch Kaffee, erhöht die geistige Leistungsfähigkeit, was von vielen Menschen als angenehm empfunden wird. Bei Überdosierung von koffeinhaltigen Getränken kann die Gefahr entstehen, daß ein überwacher Geist einer körperlichen Müdigkeit gegenübersteht. Dies kann als Dauerzustand zu einer gefährlichen Disharmonie führen.
- Tee und andere koffeinhaltige Getränke ersetzen den Schlaf nicht.

TEE UND KAFFEE IM VERGLEICH

Der Genuß von Koffein in Form von Tee ist von jenem in Form von Kaffee sehr verschieden. Im frischen Teeblatt ist das Koffein wie erwähnt an Gerbstoffe gebunden, während das Koffein im Kaffee an Chlorogensäure gebunden ist. Dies spielt mit weiteren Eigenheiten dieser Getränke für die gesundheitliche Wirkung eine wichtige Rolle.

So erhöht der Tee den Fettsäuregehalt des Blutes *nicht*. Der Kaffee verursacht jedoch eine erhebliche Erhöhung des Fettsäureanteils im Blut, indem er den Abbau der Fettsäuren verhindert. Der Tee, und ganz speziell *der Grüne Tee,* hat sogar eine antiarteriosklerotische Wirkung. Zudem enthält der Tee keine Röstrückstände.

Zu Schlafstörungen kann es, allerdings etwas differenzierter, bei beiden Getränken kommen. Die Koffeinverbindung des Kaffees wirkt anregend auf Herz und Kreislauf, diejenige des Tees auf das Zentralnervensystem. Auch hier wirkt jedoch der Grüne Tee milder als der Schwarztee. Generell ist der Schwarztee *(nicht aber der Grüne Tee)* wie der Kaffee für den Magen und das Nervensystem mehr oder weniger aggressiv.

Tee, insbesondere der Grüne Tee, ist, anders als der Kaffee, ein alkalisches Getränk, das einer Übersäuerung entgegenwirkt.

Wie beim Kaffee, handelt es sich bei den verschiedenen *Schwarzteesorten* um ein reines *Genußmittel* und nicht wie beim *Grünen Tee* um ein *Genuß- und Heilmittel* zugleich. Trotzdem ist der Schwarztee gegenüber dem Kaffee das bekömmlichere Genußmittel, und *der Grüne Tee ist gar zusätzlich ein Heilmittel von unschätzbarem Wert.*

Die Wirkung (Resorption) des Koffeins aus dem Kaffee erfolgt im allgemeinen erheblich schneller als aus dem Tee. Somit wirkt das Koffein aus dem Kaffee weniger lange als beim Teegenuß. Die schnelle Wirkung des Koffeins entspricht dem Espressotrinken an der Stehbar, gegenüber dem eher gemütlicheren Teetrinken in angenehmer Umgebung und Gesellschaft. Gerade in der heutigen Zeit ist ein bewußtes Teetrinken, wozu man sich etwas Ruhe gönnen soll, ein ideales Mittel gegen Streß sowie zur Förderung der geistigen Aktivitäten.

DER SCHWARZTEE

Der Schwarztee entsteht durch eine sogenannte Fermentation des mit warmer Luft leicht vorgetrockneten, sogenannt gewelkten und gebrochenen bzw. gerollten Blattes unter Einfluß von Wärme. Beim Brechen treten die Zellinhaltsstoffe an die ungeschützte Blattoberfläche. Chemisch gesehen, ist dies jedoch nur teilweise eine Fermentation, die durch die Enzyme des Blattes möglich wird; gleichzeitig ist es eine Oxidation, für welche die entsprechend vorbereiteten Blätter während 20–40 Minuten in spezielle Öfen bei einer Wärme von 35 bis 80 Grad gegeben werden. Dabei entwickelt sich das sogenannte Teeöl, bestehend aus Polyphenolen und weiteren Abbauprodukten. Durch diesen Prozeß verringert sich auch der Gerbstoffgehalt um etwa 10%. Die sich dabei entwickelnden Polyphenole sind verantwortlich für die orangebraune Teefarbe und natürlich auch für die braunen Zähne der leidenschaftlichen Schwarzteetrinker. Der Koffeingehalt verändert sich durch die Fermentation und Oxidation nur sehr gering, das Koffein wird aber etwas wirksamer, da es sich teilweise von den Gerbstoffen löst.
Beim Prozeß der Schwarztee-Herstellung werden jedoch insbesondere die gesundheitlich sehr wertvollen Epigallo-Catechine verändert und wichtige weitere Stoffe, u.a. das Vitamin C, zerstört. Die Ganzheitlichkeit und die großen Heilwirkungen sind dahin. Ein hochwertiges Naturprodukt wird so zum reinen Genußmittel gemacht.

Der Schwarztee als Genußmittel

Trotz diesen «nachteiligen» Aspekten des Schwarztees möchte ich dem echten, reinen Schwarztee doch noch etwas Gutes lassen. Wenn Teeliebhaber von ihrem Tee keine gesundheitlichen Wirkungen erwarten, sondern den Schwarztee als Genußmittel mit den verschiedensten reinen Qualitäten schätzen, hat auch ein Genußmittel seine Existenzberechtigung. Es liegt an Ihnen bzw. an den Teeliebhabern, mit diesem Genußmittel richtig umzugehen und sich den Unterschieden zum Grünen Tee bewußt zu sein.
Je nach Herkunft (Klima usw.), Pflückstadium der Blätter und Dauer des Fermentations- und Oxidationsprozesses entstehen im Schwarztee

verschiedene Aromen. Dies hat jedoch mit den künstlich aromatisierten Teesorten durch Fruchtester (synthetische Aromastoffe), ätherische Öle usw. nichts zu tun. Sogenannte *aromatisierte Tees* (wie z.B. Mango-, Apfel-, Brombeer- und andere künstlich aromatisierte Schwarzteearten) werden von Teeliebhabern sehr verpönt. Es handelt sich hier nicht mehr um echte, sondern um *verfälschte Tees.*

DER GRÜNE TEE

Durch die Fermentation und Oxidation werden bei der Schwarzteeherstellung viele auf den Menschen günstig wirkende Bestandteile (u.a. die Catechine, Vitamine usw.) verändert oder zerstört. *Diese Prozesse werden bei der Grünteeproduktion vollkommen vermieden.*

Je nach Qualität bzw. Herstellungsland werden bei der Grünteeproduktion die Blätter geerntet und luftgetrocknet. Der übliche Herstellungsvorgang ist das sogenannte Dämpfen, wobei die frischgeernteten Blätter kurze Zeit mit Dampf behandelt und anschließend getrocknet werden. Das kurze Dämpfen ist ein Vorgang, der dazu dient, einen Fermentationsprozeß mit Sicherheit zu verhindern. Wieder andere Methoden schließen gar ein «Rösten» der getrockneten Blätter ein.

Auch beim Grünen Tee werden die Blätter in verschiedenen Stadien und Jahreszeiten gepflückt, was wiederum den Koffeingehalt, das Verhältnis vieler Inhaltsstoffe untereinander und das Aroma beeinflußt.

Die empirisch bekanntesten und durch wissenschaftliche Studien belegten Heilwirkungen des Tees gelten *nur* für den *Grünen Tee.*

Die «Aufguß-Philosophien» für den Grünen Tee variieren je nach Land und Tradition, vom Gebrauch zwischen kochendem oder abgekochtem, jedoch nur 80 Grad warmem Wasser sowie von kurzem bis längerem Ziehenlassen. Ein Weggießen des ersten Aufgusses (wie schon besprochen) vermindert den Koffeingehalt und den leicht «bitteren» Geschmack.

VERARBEITUNGS-PROZESSE DES GRÜNEN TEES

1 Teefelder

Ab Ende April wird von Hand gepflückt und die Blätter sofort zur Fabrik gebracht.

2 Dämpfen

Die Teeblätter gelangen über ein Förderband in die Dämpf-Maschine und werden anschließend abgekühlt.

3 Rollen

Die Maschine rollt und trocknet die Teeblätter.

4 Schleudern und Trocknen

5 Nachrollen und -trocknen

Zweites und letztes Rollen der Blätter. Anschließend Trocknen.

6 Handelsform

Die Teeblätter haben jetzt ihre Handelsform.

Zusätzliche Prozesse

7 Spezial-Verarbeitung

Ziel: andere Blattformen, zum Beispiel durch Schneiden der Teeblätter.

8 Nachtrocknen oder Rösten

von Spezial-Teesorten. Ziel: anderes Aroma.

9 Blending Prozeß

Bei Grüntee selten: Mischen verschiedener Sorten.

10 Verpacken

11 Transport

12 Handel

Diese Maschine zum «Rollen» des Tees ist in Darjeeling (Indien) seit über hundert Jahren in Betrieb.

Modernste, elektronisch gesteuerte Maschinen zur Grüntee-Verarbeitung in Nagoya (Japan).

Die bekanntesten Handelsqualitäten von Grünem Tee, der weltweit als «Green Tea» bekannt ist, sind

Thea viridis

Grüner Tee ohne Herkunftsbezeichnung, ohne Qualitätsgarantie, stammt meist aus China, Taiwan (Formosa), Sri Lanka oder Indonesien. Die Bezeichnung Thea viridis wurde früher auch als Benennung von Tee-Stammpflanzen, meist indonesischer Herkunft, gebraucht.

CHINA

Gun Powder

Typisch chinesischer Grüntee. Die Blätter werden kurz gedämpft und dann beim Trocknungsvorgang zu schrotähnlichen Kügelchen gerollt.

Jasmintee

Der echte Jasmintee ist ebenfalls eine chinesische Spezialität. Es handelt sich um halbfermentierten Tee (die Fermentation wird nach einer gewissen Zeit durch Dämpfen gestoppt), mit Zusatz von echten Jasminblüten. Der Jasmintee verdient also den Namen Grüntee nicht vollständig.

INDIEN

Assam Green Tea

Eine Qualität wie oben, jedoch aus den Plantagen in Assam. Die meisten Assam-Tees sind jedoch Schwarztees, nur ein kleiner Teil wird als Grüntee produziert und muß als solcher bezeichnet werden. Auch Darjeeling produziert Assam Green Tea aus der Camellia assamica.

Darjeeling Green Tea

ist eine Grünteequalität (Mongra usw.) aus Darjeeling, verarbeitet nach üblicher Methode durch kurzes Dämpfen usw.

JAPAN

Japan produziert traditionsgemäß nur Grüntee. Die besten Qualitäten werden meist noch mit den Namen der Plantagen usw. bezeichnet. Japan produziert die größte Auswahl von Grüntee in höchster Qualität.

Sencha

Sencha ist die meistgetrunkene Teesorte in Japan. Die gepflückten Blätter werden auf dem schnellsten Weg zum Verarbeitungsprozeß gebracht, während ca. 30 Sekunden gedämpft und dann unter Heißlufteinblasung aufgeschüttelt und so lange getrocknet, bis sie nach mehrmaligem Rollen wie grüne Nadeln aussehen. Sencha-Tee ist je nach Erntestadium der Blätter in verschiedenen Qualitäten erhältlich. Geschmacklich ist Sencha-Tee leicht bitter. Der Tee ist von heller goldiger Färbung.

Gyokuro

Der Name bedeutet «edle Tautropfen». Die Verarbeitung ist sehr ähnlich wie beim Sencha. Der Hauptunterschied liegt bei den Blättern, die zu 90% im Schatten wachsen. Außerdem werden nur die zartesten und weichsten Blätter verwendet. Dieser besondere Tee gilt als absolut beste und teuerste Teesorte. Das Aroma ist kräftig und weniger bitter als Sencha. Dieser Tee wird von Kennern mit abgekochtem Wasser angegossen, das auf 50 bis 60 Grad abgekühlt ist. Der Tee ist goldig-grünlich gefärbt.

Mattcha

Mattcha ist die teuerste Teequalität; sie wird u.a. für die Teezeremonien verwendet. Wie beim Gyokuro gedeihen die Blätter im Schatten und werden gleich verarbeitet. Meist erst kurz vor dem Verkauf oder vor der Verwendung wird dieser getrocknete Tee in einer Steinmühle zu feinem Pulver gemahlen. Um damit Tee anzugießen, wird das Grüntee-Pulver in einer Teeschale mit auf 60 Grad abgekühltem Wasser übergossen und mit einem kleinen Bambusbesen umgerührt, bis sich das Pulver aufgelöst hat. Dabei bildet sich an der Oberfläche ein Schaum mit typischem Geschmack. Dieser stark anregende Tee hat eine tiefgrüne Farbe.

Bancha

Der Bancha-Tee gilt als «niedrigste» Teesorte. Die Verarbeitung ist ähnlich wie bei Sencha, die Blätter werden jedoch erst am Ende einer Saison geerntet. Darum sind sie dicker und faseriger und enthalten auch weniger Koffein als die anderen Sorten.

Der Bancha-Tee wird oft als «Drei-Jahres-Tee» bezeichnet, wahrscheinlich darum, weil bis zu 3jährige Blätter geerntet werden. Dieser Tee wird speziell im Zusammenhang mit der makrobiotischen Diät erwähnt und empfohlen.

Honjicha

Dies ist meist ein gerösteter Bancha-Tee; das Aussehen ist bräunlich und das Aroma herb. Auch beim Honjicha ist der Koffeingehalt entsprechend niedrig.

DIE BEKANNTESTEN GRÜNTEE-

1

2

3

4

5

6

QUALITÄTEN

7

8

9

CHINA

1 **Gun Powder**

2 **Jasmintee**

INDIEN

3 **Assam**
Green Tea

4 **Darjeeling**
Green Tea

JAPAN

5 **Sencha**

6 **Gyokuro**

7 **Mattcha**

8 **Bancha**

9 **Honjicha**

DIE HEILWIRKUNGEN DES GRÜNEN TEES

Der holländische Arzt Nicolas Diveks (1593–1674) würdigte den Tee in seinem Buch «Die Arznei» mit den folgenden Worten:
«Nichts kann den Tee überbieten. Teetrinken hält den Menschen fern von allen möglichen Krankheiten und fördert ein langes Leben. Tee gibt Energie, und für solche, die spät nachts studieren oder arbeiten, ist er sehr hilfreich. Es ist völlig richtig, jeden Tag 12 Tassen Tee zu trinken.» Dieses Lob auf den Tee könnte man mit vielen ähnlichen Zitaten aus den alten chinesischen und japanischen Kulturen ergänzen.
Seit dem 17. Jahrhundert haben sich immer wieder Forscher, Ärzte und Heilpflanzenspezialisten mit dem Tee, vor allem mit dem Grünen Tee, befaßt. Nach verschiedensten modernen Forschungsergebnissen, die wir im nächsten Kapitel noch näher einsehen werden, können dem Grünen Tee folgende Heilwirkungen zugesprochen werden:

- Linderung bei Magen- und Darmproblemen
- Herabsetzung des Blutcholesterinspiegels
- Stärkung der Blutgefäße
- sehr günstige Beeinflussung von Herz und Kreislauf
- vorbeugend und heilungsfördernd gegen Arteriosklerose
- entzündungshemmende Wirkungen
- günstige Beeinflussung zur Normalisierung der Schilddrüsenfunktion
- fördert die Durchblutung und Regeneration der Haut
- erhöht ganz speziell die geistige Leistungsfähigkeit und in einem gewissen Sinne auch die körperlichen Leistungen
- wirkt gegen depressive Stimmungen
- begünstigt die Heilung von Lebererkrankungen
- hat bei längerer Einnahme antirheumatische Wirkungen
- wirkt der Bildung von Nieren- und Gallensteinen entgegen
- Verhinderung von Karies wegen des idealen Fluorgehalts
- nach neusten Forschungen eines japanischen Forschungsteams, unter der Leitung von Dr. Hirota Fujiki, eine erwiesene prophylaktische Wirkung gegen Krebsrisiken.

- harntreibende, entgiftende Wirkung
- Wirkung als Antioxidans
- ein ausgezeichneter Spender von Eisen, Fluor, wichtigen Spurenelementen und Vitaminen

Die alten, sehr hochstehenden Kulturen von China und Indien kannten eine sogenannte Lichtenergie und nannten diese «Chi». Es wurde angenommen, daß diese Energie in den verschiedensten natürlichen Stoffen als Heilenergie vorhanden sei. Auch die moderne Physik ist diesen feinstofflichen Energien auf der Spur; sie werden dort als Biophotonen bezeichnet. Diese von Zellen ausgestrahlte Energie kann auch für die Heilqualitäten der Wirkstoffe von Heilpflanzen mitverantwortlich sein. Daß diese «Lichtzellen» im Grünen Tee gegenüber dem Schwarztee noch «unbeschädigt» vorhanden sind, ist ein weiterer Vorteil des Grünen Tees.

Es gibt also sehr viele Gründe, sich wieder auf die jahrtausendealte Art des Teetrinkens – auf den Grünen Tee – zu besinnen. Wenn wir damit Kaffee und Schwarztee ersetzen, haben wir ein ebenso «anregendes», jedoch gesundheitlich viel sinnvolleres Getränk und Genußmittel.

WISSENSCHAFTLICHE STUDIEN ÜBER DEN GRÜNEN TEE

Bevor wir uns ausführlich mit der wohl modernsten und ausführlichsten Grüntee-Studie von Dr. med. Hirota Fujiki befassen, gebe ich hier in gekürzter Form einige der bedeutendsten etwas älteren Ergebnisse weiter:

- Igro Dolov publizierte eine Zusammenfassung von Studien verschiedener ehemaliger sowjetrussischer Institute (Physiologisches Institut Kiew, Biochemisches Institut der Wissenschaftlichen Akademie von Moskau):
Grüner Tee wirkt heilungsfördernd bei Strahlenschäden. Tierversuche und klinische Versuche an Menschen deuten auf heilende Wirkungen bei chronischer Hepatitis, Nephritis und Dysenterie.

- Das Medical College von Kalkutta veröffentlichte 1976 eine ausführliche Studie: Grüner Tee senkt den Cholesterinspiegel und wirkt der Entstehung von Herzinfarkt entgegen.

- Okyama Universität, Prof. Takuo Okada, Japan:
Grüner Tee wirkt der Bildung von Superoxid im Körper 20mal effektiver entgegen als Vitamin E.

- Kagoshima Universität, Dr. Ichiro Mori, Japan:
Grüner Tee enthält ideale natürliche Verbindungen von Zink und Kupfer. Besonders Schwangere brauchen viel Zink. Da dieses Mineral eines der wichtigsten Spurenelemente ist, die der Körper in dieser Zeit braucht, ist Grüntee während einer Schwangerschaft ein ideales Getränk.

▪ Universität Tokio, Medizin und Zahnheilkunde, Prof. Emeritus Dr. Masao Onishi, Japan:
Eine Tasse Grüner Tee pro Tag würde genügen, um die Karies bei Schulkindern um die Hälfte zu reduzieren. Schon das Ausspülen des Mundes mit Grüntee nach den Mahlzeiten ist eine wirksame Methode, Karies zu verhindern. Das natürliche Fluor im Grüntee ist sehr wirksam. Dazu sind auch weitere antibakterielle Verbindungen gegen Streptococcus mutans, das Kariesbakterium, wirksam.

▪ Tohoku Universität, Dr. Meuro; Japanische Medizin-Akademie, Dr. Fukui; Universität Nagoya, Dr. Aoki:
Grüntee enthält ein Enzym, das auf den Auslösemechanismus von hohem Blutdruck im Körper wirkt. Grüntee hilft bei der Umwandlung von Cholesterin und beugt somit auch Arteriosklerose vor. Dr. Aoki behauptet sogar, daß regelmäßiges Trinken von Grüntee dem Entstehen von Hirnschlag sowie verschiedenen Herz- und Alterskrankheiten vorbeugt.

▪ Hamamatsu Universität Shizuoko, Dr. med. Eiichi Hayashi, Japan:
Dr. Hayashi konnte nach jahrelangen Studien und Versuchen nachweisen, daß die im Grüntee enthaltenen Tanninverbindungen eine chemische Verbindung mit Strontium 90 eingehen. Die Einnahme von Grüntee-Tannin verhindert somit die Aufnahme von Strontium 90, wie es z.B. bei AKW-Unfällen freigesetzt wird, bis zu 30%, da diese Menge vom Körper, zusammen mit dem Tannin des Grünen Tees, wieder ausgeschieden wird.

DIE ERFORSCHUNG DES GRÜNEN TEES

Nebst den empirisch längst bekannten und wissenschaftlich bestätigten verschiedenen Heilwirkungen des Grünen Tees wurden durch umfangreiche Studien auch die antikanzerogene und antioxidante Wirkung des Grünen Tees festgestellt. Der japanische Mediziner *Dr. Hirota Fujiki* war jahrelang Mitarbeiter am Max-Planck-Institut und ist heute Direktor des japanischen Saitama-Krebsforschungsinstituts. Das Institut beschäftigt sich mit der Grundlagen- und der Krebsforschung. Es wird von der Saitama-Prefektur und je nach Forschungsthema vom japanischen Kultus- und Gesundheitsministerium unterstützt. Mit seiner ausdrücklichen Genehmigung gebe ich hier in gekürzter Form seinen Forschungsbericht weiter.

Die Vorgeschichte

In Japan wurden die Studien aufgrund von längst bekannten Umständen und Tatsachen wieder aufgenommen.

- Im 12. Jahrhundert wurde die Teepflanze (Camellia sinensis) aus China offiziell in Japan eingeführt und daraus ausschließlich Grüner Tee produziert. Das Teetrinken und der Teeanbau verbreiteten sich enorm schnell, und das tägliche Trinken von Grüntee gehört heute zur Kultur Japans. Die Japaner trinken praktisch den ganzen Tag Tee.

- Die statistische Lebenserwartung beträgt in Japan für Frauen 82 Jahre und für Männer 76 Jahre, was weltweit die höchsten Werte bedeutet (ermittelt 1995).

- Im japanischen Landkreis Shizuoka, mit dem größten Teeanbaugebiet, wurde die geringste Krebssterblichkeitsrate von ganz Japan festgestellt. Magenkrebs ist in diesem Gebiet beinahe unbekannt.

Diese Tatsachen brachten schon viele japanische Forscher auf die Idee, alle genannten Feststellungen mit dem regelmäßigen Trinken von Grünem Tee in Verbindung zu bringen. Es wurde im Grünen Tee intensiv nach entsprechenden Wirkungen und Wirkstoffen gesucht.

Die Arbeit von Dr. Fujiki und seinen Kollegen

Ein Team unter der Leitung von Dr. Fujiki hat sich im Jahre 1985 in die Forschungsarbeiten eingeschaltet, mit dem Auftrag, nach krebshemmenden oder generell heilenden Mitteln bei Krebserkrankungen zu suchen.

Im Laufe dieser Studien, finanziert und unterstützt vom japanischen Gesundheitsministerium sowie weiteren Organisationen und Stiftungen, ist es der Forschergruppe gelungen, als wahrscheinlich wirksamste antikanzerogene Substanz das (–)-Epigallocatechingallat (EGCG) aus dem Grünen Tee zu isolieren.

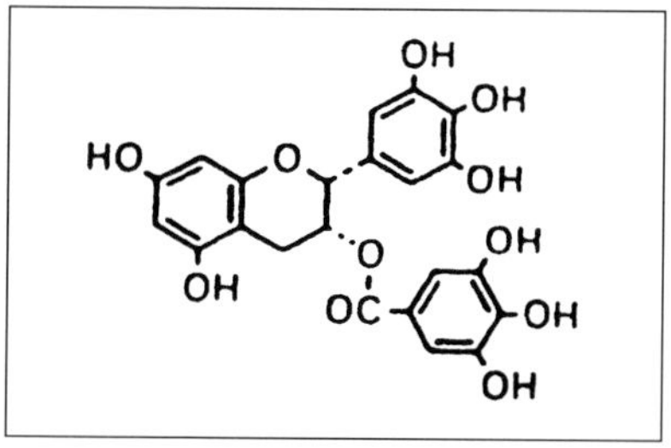

EGCG

Mit vorerst vielen Versuchen an Mäusen, denen die verschiedensten Krebspromotoren auf die Haut appliziert oder die Kanzerorgane in die Mäuse eingebracht wurden, konnte eindeutig festgestellt werden, daß EGCG

- Tumorpromotoren auf der Haut hemmt und
- die Karzinogenese im Verdauungssystem und verschiedenen Organen verhindert sowie bestehende Tumore im Darm heilt.

Ebenso konnte mit diesen umfassenden Versuchen an Mäusen der Wirkungsmechanismus von EGCG festgestellt werden. In klinischen Versuchen wurde später nachgewiesen, daß die antikanzerogene Wirkung von EGCG auch für den Menschen gilt:

- EGCG hemmt die Entwicklung von Metastasen in der Lunge.
- EGCG hemmt das Wachstum von Karzinomzellen in Lunge, Magen, Darm, Leber und der Haut.
- EGCG vermindert auch die toxische Wirkung des Rauchens.

Klinische Versuche bei Brust-, Pankreas- und Prostatakrebs sind gemäß Angaben von Dr. Fujiki noch nicht abgeschlossen.

Schlußfolgerungen von Dr. Fujiki

Wir sind überzeugt, daß der Grüne Tee, täglich angewandt, mit dem Hauptwirkstoff EGCG in Kombination mit den anderen Wirkstoffen des Grünen Tees, ein ideales, billiges Mittel zur Krebsprävention für den Menschen sein kann. Die in vielen asiatischen Ländern verbreitete alte Annahme wurde bestätigt, daß Grüner Tee ein Getränk mit großem gesundheitlichem Wert und vielseitigen Heilwirkungen ist, wenn er regelmäßig getrunken wird. Nebst der antikanzerogenen Wirkung beeinflußt er Herz, Herzkranzgefäße, Kreislauf, Leber, Diabetes und Cholesterinspiegel auf günstige Weise.

Wie kann der Grüne Tee sinnvoll genutzt werden?

Dr. Fujiki empfiehlt anhand seiner Forschungsergebnisse, täglich 10 Tassen Grünen Tee zu trinken. Dies entspricht ungefähr einem Gramm EGCG. *Dabei muß berücksichtigt werden, daß eine japanische Teetasse einen maximalen Inhalt von 1 dl (100 ml) hat und die entsprechende Menge demzufolge etwa 6 bis 7 europäischen (westlichen) Teetassen entspricht.*
Der Tee soll nicht stark dosiert werden; die maximale Dosierung ist ein gestrichener Teelöffel trockene Droge pro Tasse. Je nach Reaktion der betreffenden Personen ist auch die Wirkung des Koffeins einzubeziehen; die entsprechende Menge Tee soll also eher am Morgen und mittags, weniger am Abend, getrunken werden. Daß bei Umstellung von früheren Gewohnheiten auf Grünen Tee kaum noch «Kapazität» für Kaffeegenuß besteht, ist selbstverständlich.

Dr. Hirota Fujiki beantwortet Fragen

Welche Tips können Sie den Interessenten in Europa noch geben bei der Umstellung von z.B. Kaffee oder Schwarztee auf den Grünen Tee?

Dr. Hirota Fujiki: Im allgemeinen ist es nicht leicht, seine Lebensweise und alte Gewohnheiten des Kaffee- oder Schwarzteetrinkens zu ändern. Da der Schwarztee von derselben Pflanze stammt wie der Grüne Tee, können zudem viele Menschen schwer verstehen, daß der Grüne Tee gegenüber dem Schwarztee so viele Vorteile haben soll. Wenn sich jemand jedoch ernsthaft mit dem Thema befaßt und die wissenschaftlichen Publikationen studiert, wird eine Umstellung einfacher sein. Wir machen immer die Erfahrung, daß solche Leute dann den Grünen Tee schon nach kurzer Zeit auch geschmacklich sehr schätzen. Für Nicht-Teetrinker werden wir demnächst *Grünteetabletten* herstellen.

Sie sind Direktor des Saitama-Krebsinstituts. Können Sie uns zusätzlich zum Trinken von Grünem Tee noch weitere gesundheitsfördernde Ratschläge bezüglich Lebensweise oder Ernährung geben?

Dr. Hirota Fujiki: Erst kürzlich haben uns amerikanische Wissenschaftler die Ergebnisse einer neuen Studie bekanntgegeben: Aus 90 mutmaßlich antikanzerogen wirkenden Substanzen reagierten 8 in den Tests als wirksam. Dies waren einige Vitamine und Spurenelemente, die in der natürlichen Nahrung vorkommen. Auch dies bestätigt uns, was wir schon lange empfehlen, nämlich daß eine natürliche Vollwerternährung in der Krebsprophylaxe und generell für die Gesundheit von Herz, Kreislauf, Leber usw. enorm wichtig ist. Ich schätze Ihre Bemühungen sehr, unsere Forschungsergebnisse der Bevölkerung in der Schweiz und im restlichen Europa zugänglich zu machen. Krebsprävention ist eine unserer Hauptaufgaben und für jeden einzelnen Menschen sehr wichtig.

Dr. med. Hirota Fujiki im «Saitama Cancer-Research-Institute» (Japan).

Einige geeignete Aufbewahrungs-möglichkeiten für Tee.

DIE AUFBEWAHRUNG (LAGERUNG) VON TEE

Im Gegensatz zu Heilpflanzen-Drogen, die meist noch einen Restfeuchtigkeitsgehalt von 5–10% enthalten, ist der Tee durch den typischen Verarbeitungsprozeß praktisch vollständig getrocknet. Dies ermöglicht eine Aufbewahrung in luftdicht verschlossenen Behältern, Säcken usw., ohne daß eine Schimmelbildung provoziert würde. Ein vollständiges Verschließen garantiert aber auch die Erhaltung der dem Tee eigenen Aromastoffe über längere Zeit.

Für den Transport von der Plantage – die Verarbeitung findet meist dort statt – in die Bestimmungsländer werden traditionsgemäß Sperrholzkisten mit einem Inhalt von 10–25 kg verwendet. Eine modernere, vielleicht sogar optimalere Verpackungsart ist das Abpacken in kleinere vakuumverschlossene Säcke mit einem Inhalt von 1–5 kg.

Nicht nur für den Transport zu den Händlern ist die Verpackung von großer Bedeutung, sondern auch für den Detailhandel und den Verbraucher. Nur eine optimale Aufbewahrung garantiert eine entsprechende Qualitätserhaltung über Monate oder gar Jahre.

- Tee muß immer gut verschlossen und absolut trocken aufbewahrt werden. Dazu eignen sich gut verschließbare Teedosen aus Holz, speziellem Blech oder Porzellan sowie auch beschichtete, lichtundurchlässige Teebeutel. Alle Behälter sollten nur für Tee verwendet werden, um das Aroma des Tees keinesfalls zu verändern.

- Tee soll kühl und dunkel, d.h. ohne Licht-, Sonnen- oder Wärmeeinstrahlung, aufbewahrt werden.

- Tee in kleinen Mengen abgepackt aufbewahren. Beim Entnehmen des Tees für die Aufbereitung kann Feuchtigkeit (z.B. Dampf) dem Tee schaden.

- Optimal aufbewahrter Tee kann praktisch ohne Qualitätsverlust bis zu fünf Jahren aufbewahrt werden. Grüner Tee verliert sein Aroma weniger schnell als Schwarztee.

RICHTIGES TEETRINKEN UND EINE KORREKTE ZUBEREITUNG

Das Teetrinken muß ein Genuß sein und Freude bereiten, auch dann, wenn der Grüne Tee allenfalls «nur als Medizin» getrunken wird. Aroma, Wirkstoffgehalt und Dosierung sollen optimal sein. Nur eine richtige, sorgfältige Zubereitung erfüllt diese Ansprüche.

Zur alten Tradition des Teetrinkens gehört in China und Japan eine entsprechende Teezeremonie, die sich von einfacheren Zubereitungsritualen in profanen Kreisen bis zur meditativen, hingebungsvollen Teezeremonie des Zen-Buddhismus erstreckt. In den profanen Teezeremonien übernahmen auch die Geishas (traditionelle japanische Dienerinnen) eine wichtige Rolle.

Die Teekultur in Indien wurde zur Zeit des Kolonialismus stark von den Engländern beeinflußt, wobei in Indien und England immer noch viel Zucker und Milch verwendet werden. Dabei handelt es sich aber meist um Schwarztee.

Wieviel Zeit und Hingabe Sie für die Teezubereitung aufwenden, sei Ihnen überlassen. In jedem Fall ist es aber sinnvoll, die Hintergründe einer «vollkommenen» Zubereitung zu kennen.
Die Grundlagen und Utensilien dazu sind die *Kanne*, die *Tasse* (beides zusammen ist das sogenannte Teeservice), das *Wasser*, die Wahl der *Teesorte* und die *Dosierung*.

Für eine optimale Teezubereitung eignen sich traditionelle Teekrüge wie auch die ästhetisch und funktional perfekten «bodum»-Krüge aus Glas.

Die Kanne

Die geeignetsten Materialien sind Porzellan, Ton und Glas. Auch Gußeisen ist geeignet; es sollte jedoch idealerweise auf der Innenseite der Kanne emailliert sein. Um den Tee geschmacklich nicht zu zerstören, soll eine Teekanne wirklich nur für Tee und niemals für Kaffee gebraucht werden. Eine Teekanne wird nur mit heißem Wasser (niemals mit Zusatz von Abwasch- oder Spülmitteln) ausgewaschen und dann an der Luft getrocknet.

Die Tasse

Das beste Material ist Porzellan, für besondere Anlässe feines Porzellan. Auch feine Tontassen werden gebraucht. Das feine, zarte Teearoma einer guten Qualität Grüntee entspricht einer feinen, leichten und eher kleinen Teetasse mit einem Inhalt von höchstens einem Deziliter (100 ml).

Einige Volumen-Vergleiche von Teetassen:

– Große westliche Teetasse aus grobem Porzellan: Inhalt 1,7–2,0 dl / 170 ml–200 ml

– Tassen aus speziellen verschiedenen westlichen Tee-Services aus feinstem Porzellan: Inhalt 1,3–1,5 dl / 130 ml–150 ml

– Japanische und chinesische Teetassen aus feinstem Porzellan: Inhalt 0,8–1,2 dl / 80 ml–120 ml

Das chinesische Porzellan ist seit Jahrhunderten berühmt. Mit dem Tee-Import nach Europa haben bereits die Portugiesen und Holländer kostbares chinesisches Tee-Porzellan auf den europäischen Markt gebracht. Die ursprünglichen Teetassen hatten auch in Europa keine Handgriffe (Henkel), wie es in Japan und China heute noch üblich ist.

Das Wasser

Die Wasserqualität ist für einen guten Tee von großer Bedeutung. Nicht zu hartes Quellwasser ist ideal. Das Wasser wird kalt dem Hahn entnommen und in jedem Fall aufgekocht; niemals wird Wasser aus dem Boiler verwendet. Falls das Wasser chloriert und/oder fluoriert ist, sollte es gefiltert werden.

Grüntee wird nicht mit kochendem Wasser angegossen, da der Tee dadurch zu bitter würde. Das abgekochte Wasser läßt man vor dem Angießen einen Moment abkühlen.

Die Teesorte

Auch beim Grüntee variiert das Aroma der verschiedenen Sorten und Qualitäten stark. Testen Sie verschiedene gute Qualitäten und wählen Sie Ihre bevorzugten Teesorten. Wechseln Sie allenfalls den Tageszeiten gemäß ab und servieren Sie vielleicht einen ganz erstklassigen, teuren Tee nur bei speziellen Anlässen.
Wenn Sie sich bei der Wahl Ihres Lieblingstees von der Sympathie zum Herkunftsland dieser wunderbaren Blätter beeinflussen lassen, sei Ihnen dies verziehen!

Die Dosierung

Die richtige Dosierung ist wahrscheinlich der wichtigste Aspekt für einen guten Tee. Meist wird dabei maßlos übertrieben. Wie beim Gebrauch von Heilpflanzen, bedeutet eine starke Dosierung niemals eine bessere Wirkung. Ein überdosierter Heilpflanzenaufguß kann eine gegenteilige Wirkung haben – ein überdosierter Grüntee ist geschmacklich ungenießbar, und der Koffeingehalt wird viel zu hoch!
Zu starker Tee schmeckt bitter und unangenehm, also die beste Voraussetzung, um einem «Tee-Einsteiger» das Teetrinken für alle Zeiten auszutreiben! Folgender Grundsatz aus der Naturheilkunde gilt auch für einen guten Grüntee:

Schwach dosieren ist immer richtig,
stark dosieren ist immer falsch!

Ein frisch angegossener Grüntee ist in der Farbe viel schwächer, zarter, von goldiggrünlicher oder goldiggelblicher Farbe, ein Schwarztee meist von bräunlicher bis dunkelbräunlicher Färbung. Lassen Sie sich also von der schwachen Färbung des Grüntees nicht zu einer Überdosierung verleiten.
Richtig dosieren heißt also nicht vom Beutel unkontrolliert in die Kanne streuen, sondern am besten einen Teelöffel als Maß verwenden. Ideale Dosierung ist 2 g Tee pro Tasse, dies entspricht einem *gestrichenen Teelöffel.* Ein gehäufter Teelöffel ergibt bereits eine Menge von 5 g, was eine maßlose Überdosierung bedeutet.

Zucker ?

Das Fragezeichen sagt eigentlich schon alles! Echte Teeliebhaber trinken den Tee und ganz speziell den Grünen Tee ungesüßt, um das Aroma und die gesunde Wirkung nicht zu zerstören. Der Grüne Tee wird in den Ursprungsländern China, Japan und überall dort, wo er als Tradition gepflegt wird, seit je ungesüßt getrunken.
Den Tee mit Milch und Zucker zu trinken, hat sich in der englischen Teekultur entwickelt und hat nur den Schwarztee betroffen. Erfreulicherweise ändert sich diese Gewohnheit mit dem zunehmenden Gesundheitsbewußtsein allmählich auch in England.
Das Bedürfnis, einen Tee zu süßen, entsteht oft durch die Zubereitung von überdosiertem Tee: man versucht damit den bitteren oder gar widerlichen Geschmack zu korrigieren. Richtig dosierter und zubereiteter Tee bedarf niemals einer Geschmackskorrektur durch Zucker oder Süßstoffe. Die Schädlichkeit des Industriezuckers für die Gesundheit des Menschen ist sicher allen bekannt. Zudem ist Grüner Tee ohne Zucker und Milch ein gesundes Getränk ohne Kalorien.

Das Tee-Ei

Ein Tee-Ei, gleich welcher Beschaffenheit, gehört *nicht* zu den geeigneten Tee-Utensilien. Der getrocknete Tee in einem Tee-Ei quillt bei der Zubereitung auf und verschließt dadurch die Poren des Tee-Eis von innen praktisch vollständig. Somit kann ein Austausch zwischen dem Lösungsmittel Wasser und den Inhaltsstoffen des Tees nicht mehr erfolgen. Das Tee-Ei ist also weder für Heilpflanzenauszüge noch für einen guten Tee brauchbar!

Die Teezange

Eine sogenannte Teezange hat einen «Teeteil» aus siebartigem Geflecht mit besserer Möglichkeit, die Wirkstoffe aus dem Tee zu extrahieren. Nicht ideal, aber akzeptabel, z.B. für Restaurants.

Die Siebeinsätze

Zur Zubereitung von nur einer Tasse Tee eignen sich im Handel erhältliche Siebeinsätze, wo die entsprechende Teemenge hineingegeben wird. Bambus-Siebe sehen zwar schön und natürlich aus, beeinflussen aber den Geschmack eines Tees.

DIE KLASSISCHE ZUBEREITUNG DES TEES

Nach dieser Einführung in die Grundkenntnisse können wir uns nun mit der *klassischen Zubereitung* von Grüntee einer üblichen Qualität, z.B. Sencha, Gun Powder usw., befassen:

1. Das Anwärmen der Kanne und der Tassen

Je nach Jahreszeit, speziell aber im Winter, werden die Kanne und die Tassen mit heißem Wasser gefüllt.

2. Die Dosierung

Pro Tasse werden 2 g Tee (1 gestrichener Teelöffel) in die vorher entleerte Kanne gegeben. Ab etwa 4–5 Tassen gilt das Maß: 1 gestrichener Teelöffel pro Tasse und einen zusätzlich für die Kanne.

3. Mit heißem Wasser den Tee angießen

Das abgekochte, jedoch nicht mehr kochende Wasser (nach dem Kochen einen Moment stehen lassen) wird in die Kanne über die Teeblätter gegossen.

4. Die vorgewärmten Tassen leeren

Nun haben wir Zeit, während des Ziehenlassens die mit heißem Wasser gefüllten Tassen zu leeren.

5. Das Eingießen des Tees in die Tassen

Den Tee während der gewünschten Zeit ziehen lassen. Kurzes Ziehenlassen (2–3 Minuten) ergibt einen stark anregenden, im Aroma jedoch milderen Tee; durch längeres Ziehenlassen (4–6 Minuten) wird das Aroma kräftiger, leicht bitter, die anregende Wirkung etwas schwächer, jedoch von längerer Dauer (siehe auch «Die anregende Wirkung des Schwarztees und des Grünen Tees, Seite 36). Die einzelnen Tassen werden zuerst nur mit wenig Tee gefüllt, dann wird der Reihe nach nachgegossen, bis alle Tassen voll sind oder kein Tee mehr in der Kanne ist. Diese Methode gewährleistet eine gleichbleibende Qualität und Stärke für alle Tassen.

Die Teeblätter in der Kanne können nun ein zweitesmal angegossen werden. Da die Blätter bereits eine Menge Wasser aufgenommen haben, reduziert sich die Zeit des Ziehenlassens auf höchstens die Hälfte der Zeit beim ersten Übergießen.

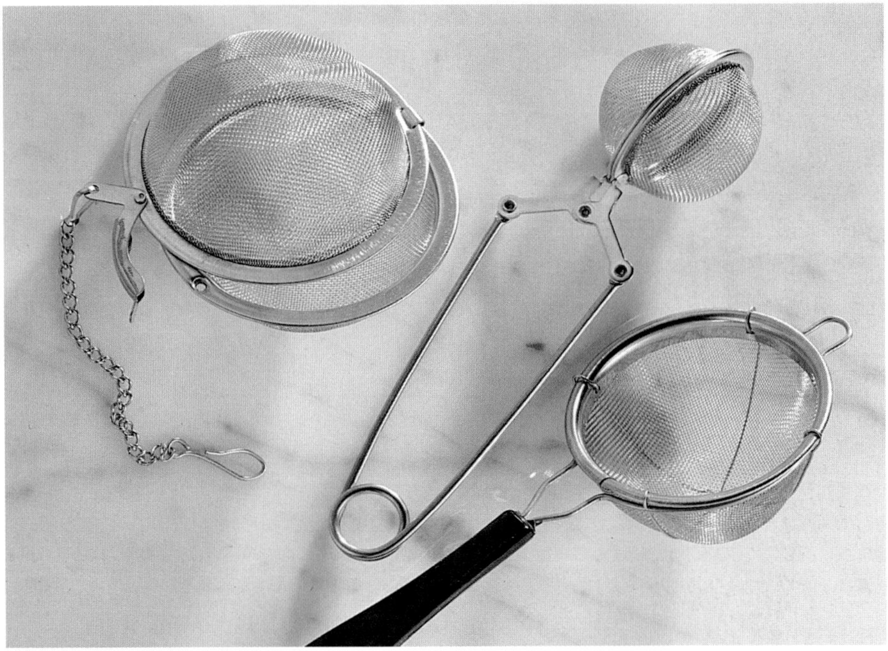

Das Teesieb und die Teezange sind für die Teezubereitung geeigneter als das Tee-Ei (Seite 68).

Die Zubereitung des «Mattcha-Tees» ist im Zen-Buddhismus sowie in profanen Kreisen ein spezielles und sinnvolles Ritual.

Mit dem Bambuslöffel «CHA-SHAKU» wird der zuvor in einem Steinmörser pulverisierte «Mattcha-Tee» in die Tasse gegeben und mit Wasser übergossen. Der kunstvoll hergestellte Bambusbesen «CHASEN» dient zum Umrühren, bis sich das Teepulver aufgelöst hat. Ein exklusiver Tee für spezielle Anlässe!

Für das Angießen von speziell hochwertigem Tee wie «Gyokuro» oder «Mattcha» verwenden die Kenner dieser exklusiven japanischen Teesorte Wasser, das nach dem Abkochen auf 50 bis 60 Grad abgekühlt ist. Man läßt diese Tees 2–2½ Minuten ziehen, und die Dosierung ist oft etwas höher.
Möchten Sie den Tee über längere Zeit warmhalten, bleibt das gute Teearoma in einem Thermoskrug besser erhalten als über einem Rechaud. Durch längeres Warmhalten des Tees als 15–30 Minuten auf einem Rechaud wird das Aroma langsam verändert.

Der Teebeutel

Eine Tasse Grüntee kann auch mit einer guten Qualität Teebeutel, nach ähnlichen Regeln, zubereitet werden. Es wäre falsch und schade, den Teebeutel-Tees nicht die gleiche Aufmerksamkeit zu schenken.

Elektrische Teemaschinen

In den letzten Jahren sind auf dem Markt einige elektrische Teemaschinen erschienen und teilweise bereits wieder verschwunden. Dies ist der Grund, weshalb an dieser Stelle keine Markennamen genannt werden, was jedoch nicht heißen will, daß diese Maschinen schlecht sein müssen. Meistens eignen sie sich für eine rasche und bequeme Zubereitung des Frühstücktees. Haben wir aber mehr Zeit, lohnt es sich, den Tee nach herkömmlicher Art zuzubereiten.

Zubereitung in Kürze

Die nachfolgende Kurzanleitung ist eine Zusammenfassung, wobei Sie nach Ihrem eigenen Gutdünken alle oder einzelne Aspekte einer «klassischen» Teezubereitung mit einbeziehen können.

Zubereitung:

- Mit abgekochtem Wasser die trockenen Teeblätter, *einen gestrichenen Teelöffel pro Tasse,* aufgießen. (Genaue Dosierung ergibt feinstes Aroma.)
- Kurzes Ziehenlassen (2–3 Min.) ergibt stark anregenden, im Aroma jedoch milden Tee; durch längeres Ziehenlassen (4–6 Min.) wird das Aroma kräftiger, die anregende Wirkung etwas schwächer.
- Der Koffeingehalt wird stark reduziert, wenn Sie die trockenen Teeblätter mit wenig kochendem Wasser übergießen und nach 30 Sek. absieben. Nach diesem Prozeß den Tee wie üblich zubereiten.

EINIGE TEE-REZEPTE

Bei den folgenden Rezepten beschränken wir uns auf wirklich sinnvolle zusätzliche Anwendungsmöglichkeiten des Grünen Tees sowie einige traditionelle «Tee-Gebäcke» und exklusive «Tee-Desserts».

Unter diesem Kapitel erwarten Sie wahrscheinlich auch einige Kräuterteemischungen. In der Naturheilkunde gibt es jedoch einige so breit und ganzheitlich wirkende Drogen, daß man diese nicht zu Mischungen verwenden sollte. Zu diesen Drogen gehören u.a. die Ginsengwurzel und ganz speziell der Grüne Tee. Der Grüne Tee bildet darum bei unseren Rezepten den Hauptbestandteil, wobei durch die ausgewählten Zutaten, wie bei sorgfältigem Würzen, die gewünschte Wirkung verstärkt oder betont werden soll.

GREEN TEA ON THE ROCKS

- frisch angegossener Grüntee
- Eiswürfel

1. Eiswürfel in Gläser füllen.
2. Den frisch angegossenen Grüntee absieben und in die bereitgestellten Gläser gießen.

Tip: einfacher geht's nicht! – gesund und kalorienfrei.

FAMILIEN-EISTEE

für 1 Liter Tee

- 1 l Wasser
- 5-6 gestrichene TL Grüntee oder Bancha-Tee (weniger anregend)
- ½ Zimtstange
- 1-2 TL Honig
- 1 TL Zitronensaft
- einige Tropfen Angostura-Bitter

1. Nach Belieben Grüntee oder Bancha-Tee zusammen mit der etwas zerkleinerten Zimtstange mit dem Wasser angießen. Ziehenlassen und absieben.
2. Solange der Tee noch warm ist, Honig, Zitronensaft und Angostura-Bitter darunterrühren. Den Tee im Kühlschrank kalt stellen.
3. Zum Servieren den Eistee mit einem Pfefferminz- oder Melissenblatt dekorieren.

Produkteinfo: Angostura-Bitter, ein Wurzel- und Gewürzextrakt aus Venezuela, ist seit über 100 Jahren im Handel erhältlich.

GRÜNER TEE FÜR SPORTLER

für 1 Liter Tee

- 1 l Wasser
- 5-6 gestrichene TL Grüntee oder Bancha-Tee
- 1-2 TL Honig
- einige Tropfen Zitronensaft

1. Nach Belieben Grüntee oder Bancha-Tee mit dem Wasser angießen. Ziehenlassen und absieben.
2. Solange der Tee noch warm ist, Honig und Zitronensaft darunterrühren.
3. Den Tee für ein warmes Getränk in eine Thermosflasche, für ein kaltes Getränk in eine Feldflasche füllen.

Tip: der Grüntee ist ein vitalisierender Durstlöscher. Hat man unterwegs den halben Inhalt getrunken, kann die Flasche mit frischem Wasser aufgefüllt werden. So läßt sich der geschmacklich immer noch gute Tee beliebig verdünnen, ohne daß allzuviel Flüssigkeit mitgenommen werden muß.

GEWÜRZTEE

Teemischung

- 100 g Jasmin-Tee (halbfermentierter Tee) oder Bancha-Tee (koffeinarmer Grüntee)
- 3-4 cm Zimtstange
- 2 Nelkenköpfchen
- 2-3 cm Vanilleschote, klein geschnitten

- Honig
- Angostura-Bitter

1. Zimtstange, Nelken und Vanillestückchen im Mörser zerstossen. Mit den Jasmintee- oder Bancha-Teeblättern mischen. Diese Mischung läßt sich gut einige Monate aufbewahren.
2. Für 1 Liter Tee nimmt man 5 bis 6 gestrichene Teelöffel der Mischung und gießt sie mit 1 Liter Wasser an. Ziehenlassen und absieben.
3. Jede Tasse Tee mit 1 Messerspitze Honig und 2 bis 3 Tropfen Angostura-Bitter abschmecken.

Tip: Ein ausgezeichnetes Getränk mit einem «weihnachtlichen» Geschmack für kalte Winterabende.

TEE-RUM

für 1 Liter Tee

- 1 l Wasser
- 5-6 gestrichene TL Grüntee oder Bancha-Tee

- weißer Rum
- Honig
- Angostura-Bitter

1. Nach Belieben Grüntee oder Bancha-Tee angießen. Ziehenlassen und absieben.
2. Jede Tasse Tee mit 1 Teelöffel Rum, 2 Messerspitzen Honig und einigen Tropfen Angostura-Bitter abschmecken.

GREEN ICE TEA CUP

für 1 Liter Tee

- 1 l Wasser
- 5-6 gestrichene TL Grüntee
- 1-2 TL Honig
- Saft von 1/4 Zitrone

- 4 Kugeln Vanilleeis
- Schlagsahne/Rahm
- 1 unbehandelte Zitrone, davon abgeriebene Schale

1. Den Grüntee mit dem Wasser angießen. Ziehenlassen und absieben.
2. Solange der Tee noch warm ist, den Honig und den Zitronensaft darunterrühren. Den Tee kühl stellen.
3. Das Vanilleeis in hohe Teegläser geben. Den kalten Tee darübergießen. Mit einem großen Klecks geschlagener Sahne und dem Zitronengelb garnieren. Mit Trinkhalm servieren.

SCONES

für ca. 14 Scones

- $1^1/_2$ Tassen Milch (Rund 200 ml/2 dl))
- 20 g Butter
- 400 g Dinkel- oder Weizenvollkornmehl
- 1 Prise Meersalz
- 2 KL Backpulver

1. Ofen auf 160 Grad vorheizen.
2. Milch und Butter erwärmen.
3. Mehl, Salz und Backpulver mischen. Die noch warme Milch darunterrühren und zu einem Teig verarbeiten.
4. Den Teig portionieren. Aus jedem Teigstück ein Scone von zirka 4–5 cm Durchmesser formen oder ausstechen. Scones auf ein gefettetes Blech legen und im vorgeheizten Ofen 15 bis 20 Minuten backen.

Varianten: Rosinen (2 EL), knackig gekochte Kürbisstückchen (100 g), Vanillepulver (2 Msp), Zimtpulver (2 KL), Akazienhonig (1 KL), getrocknete Birnen oder Aprikosen (2 EL) unter den Teig mischen.

GRÜNTEE-GEBÄCK

- 360 g Dinkel- oder Weizenvollkornmehl
- 3 KL Backpulver
- 1 KL Salz
- 50 g Vollrohrzucker, fein gemahlen
- 50 g weiche Butter
- 2 Freilandeier
- 100 ml/1 dl starker Grüntee (aus ca. 3 g Grünteeblättern hergestellt)

- 10 g Vollrohrzucker, zum Darüberstreuen

1. Ofen auf 180 Grad vorheizen.
2. Mehl, Backpulver, Salz und Vollrohrzucker (50 g) mischen. Die Butter mit dem Mehl krümelig reiben. Die mit dem Grüntee verquirlten Eier darunterrühren. Zu einem glatten Teig verarbeiten.
3. Teig auf bemehlter Arbeitsfläche 1 cm dick ausrollen. Quadrate von 5 cm Länge schneiden. Jedes Quadrat zu einem Dreieck zusammenklappen, aber nicht zusammendrücken.
4. Die Teigdreiecke auf ein gefettetes Blech legen. Mit Grüntee einpinseln. Mit dem Vollrohrzucker bestreuen.
5. Die Dreiecke im vorgeheizten Ofen rund 25 Minuten backen. Warm servieren.

GRÜNTEE-PARFAIT

für 5 Personen

- 150 ml/1,5 dl Wasser
- 150 g Vollrohrzucker, fein gemahlen
- je 1/2 unbehandelte Zitrone und Orange, davon abgeriebene Schale
- 50 ml/0,5 dl Grüntee (aus ca. 5 g Grünteeblättern hergestellt)
- 3 Freilandeier
- 300 g/3 dl Schlagsahne/Rahm

- zusätzlich Schlagsahne/Rahm, für die Garnitur

1. Wasser, Zucker und abgeriebene Zitronen- und Orangenschalen aufkochen. 5 Minuten ziehen lassen. Absieben und Sirup auffangen.
2. Zuckersirup und Grüntee verrühren. Die Eier dazugeben. Das Ganze im warmen Wasserbad (80 Grad) solange mit dem Schneebesen schlagen, bis eine cremige Masse entsteht. Die Creme im kalten Wasser (einige Eiswürfel beigeben) kalt schlagen.
3. Die geschlagene Sahne sorgfältig unter die ausgekühlte Creme ziehen. Sehr vorsichtig sein, da sonst die Masse zusammenfällt.
4. Die Parfaitmasse in eine Tiefkühlschale oder in Portionenförmchen füllen. Für 5 bis 6 Stunden in den Tiefkühler stellen.
5. Parfait stürzen oder portionieren. Mit der geschlagenen Sahne garnieren.

Tip: Mit Kompott aus getrockneten Zwetschgen, Rumtopf-Früchten oder mit in einem Sirup gekochten Feigen servieren.

GRÜNER TEE FÜR KINDER?

Hätte der Grüntee keine anregende Wirkung, sondern nur die bekannten gesundheitlichen Vorteile, wäre dies wohl keine Frage. Die anregende Wirkung des Koffeins mahnt jedoch für Kinder und speziell für Kleinkinder zur Vorsicht. Nebst dem Grünen Tee gibt es auch Getränke wie Eistees usw., die ebenfalls Koffein enthalten können und hinsichtlich ihrer Tauglichkeit als Kindergetränke ebenso geprüft werden sollten.

Ohne daß sich die Eltern dessen bewußt sind, kommen viele Kinder schon in frühen Jahren in den Genuß des Wirkstoffs Koffein, meist in kleinen Mengen in Schokolade, kakaohaltigen Getränken, Coladrinks usw. (siehe auch Seiten 39 und 40). Ob anregend oder nicht, diese Zivilisationsprodukte sind nicht förderlich für die Gesundheit.

Je nach Land und Familiengewohnheiten wird Kindern oft allzu früh Kaffee – meist als Milchkaffee – vorgesetzt. Auch dabei müßten gesundheitliche Aspekte besser berücksichtigt werden, speziell auch darum, weil die Beigabe von Milch den Kaffee weder gesünder noch verträglicher macht.

Es bleibt also noch die Frage des Tees. Sicher gehört auch der Grüne Tee nicht in die Schoppenflasche und ebensowenig als Durststiller in großen, unkontrollierten Mengen in die ständig bereitstehenden Getränkekannen für etwas größere Kinder.

In Japan lernen die Kinder schon relativ früh, mit dem Grüntee als Getränk umzugehen, und in Tibet wird der traditionelle Tee, mit Yak-Butter gemischt, ebenfalls Kindern gegeben. Allerdings fehlen in diesen Ländern die obenerwähnten Getränke und Genußmittel mit verstecktem Koffeingehalt.

Eine allgemeingültige Regel, ab welchem Alter, vor oder nach der Pubertät, ein junger Mensch Grüntee trinken sollte, gibt es nicht. Wichtig sind auch hier die Menge und zudem natürlich die Tageszeit des Teetrinkens. Ebenfalls muß berücksichtigt werden, ob mit Grüntee die erwähnten problematischen Getränke ersetzt werden können.

Als Durststiller in großen Mengen eignen sich für Kinder in erster Linie die Kräutertees, z.B. aus Pfefferminze, Lindenblüten, Melisse,

Verveine usw., oder entsprechende Mischungen. Eine gute Alternative zum herkömmlichen Grüntee, auch als Abwechslung zu Kräutertees, ist der Bancha-Tee (siehe Seite 51), der sich auch als kaltes Sommergetränk eignet. Ob Kräutertee oder Bancha-Tee, aus gesundheitlichen Gründen werden diese nicht gezuckert, sondern allenfalls mit einer ganz kleinen Menge Honig gesüßt.
Bei Jugendlichen kann Grüner Tee, in vernünftigem Maß eingenommen, die geistige Leistungsfähigkeit, z.B. auch bei Prüfungen, merkbar verbessern.

GRÜNER TEE FÜR SPORTLER

Die Inhaltsstoffe und Wirkungen des Grünen Tees sprechen für sich – es gibt kein idealeres, natürlicheres Getränk für Sportler! Als vitalisierender Durstlöscher kann Grüner Tee selbstverständlich auch kalt getrunken werden.
Durch die Steigerung der geistigen Leistungsfähigkeit erhöhen sich auch die Konzentration, die Motivation und der Durchhaltewille – sei dies bei Dauerleistungen wie Golf, Bergwandern oder Bergsteigen. Durch die ideale Kombination der Wirkstoffe, den hohen Anteil an Vitamin C, weiteren Vitaminen, Spurenelementen usw. wird auch die körperliche Leistung erhöht. Grüner Tee regt an, aber regt nicht auf!
Je nach Getränkemenge, die Sie verwenden, kann der Tee etwas verdünnt werden. Damit sich auch der Zuckerspiegel während des Sporttreibens harmonisiert, können Sie den Grüntee für den Sport mit etwas Honig süßen.
Mit einigen Tropfen Zitronensaft schmeckt dieses Sportgetränk als Durststiller noch frischer. Dieser «Sportler-Grüntee» ist «Natur pur». Sie haben keine Sorgen mit Konservierungsmitteln, Farbstoffen oder synthetischen Vitaminen. Die Natur hat alles harmonisch entstehen lassen, und dazu läßt sich dieser Tee erst noch in beliebiger Menge und kurzer Zeit herstellen.

GRÜNER TEE WÄHREND DER SCHWANGERSCHAFT

Gute Gesundheit und die Versorgung mit den notwendigen Spurenelementen ist während der Schwangerschaft besonders wichtig. Dies ist auch der Grund dafür, daß während der Schwangerschaft oft Vitamin- und Eisenpräparate verordnet werden. Aus den Studien über den Vergleich von Kaffee und Grüntee ist ersichtlich, daß Kaffee die Aufnahme von Eisen und anderen Spurenelementen stört oder gar verhindert. Andererseits ist der Grüntee, nebst allen anderen Vorteilen, ein ausgezeichneter Eisen- und Zinkspender. Beide Elemente haben gerade während der Schwangerschaft eine große Bedeutung.

Es drängt sich auch hier die Empfehlung auf, nebst gesunder Ernährung, von Kaffee- oder Schwarzteegenuß auf den Grünen Tee zu wechseln und wenn möglich schon vor der Schwangerschaft auf Kaffee zu verzichten. Der Verzicht auf alte Gewohnheiten ist oft einfacher vor als während der Schwangerschaft. Der Grüntee sorgt zusätzlich für gute Laune und Vitalität.

Schwangere Frauen reagieren auf das Koffein im Tee manchmal etwas empfindlicher. Damit Sie während der Schwangerschaft, also in Zeiten, wo der Körper großen Umstellungen unterworfen ist, niemals Schlafprobleme haben, empfiehlt es sich, am späten Nachmittag und abends für den Grüntee die folgende Tatsache zu beachten, die bereits an anderen Stellen erwähnt worden ist:

- Der Koffeingehalt wird stark reduziert, wenn Sie die trockenen Teeblätter mit wenig kochendem Wasser übergießen und nach 30 Sekunden absieben.
- Nach diesem Prozeß den Tee wie üblich zubereiten.

Der Bancha-Tee (siehe Kapitel Grüner Tee, Seite 51) enthält bedeutend weniger Koffein, aber trotzdem alle gesundheitlich wichtigen Wirkstoffe und Spurenelemente. Deshalb eignet er sich sehr gut als Durststiller, speziell auch während der Schwangerschaft.

GRÜNER TEE WÄHREND DER WECHSELJAHRE

Die Wechseljahre oder Menopause mit ihrem Rückgang der Hormonproduktion gehören zum Leben jeder Frau und sind von der Natur so vorgesehen. Diese Jahre sollten und können einen Übergang in einen neuen, positiven Lebensabschnitt bilden. Trotzdem erleben sie viele Frauen, oft auch mitbedingt durch eine entsprechende Lebensgestaltung, als eine Zeit mit erhöhter seelischer Empfindlichkeit, Nervosität usw.

Diese Empfindungen und Körperzustände verleiten viele Frauen zu vermehrtem Kaffeekonsum, was jedoch die Aufnahme von Spurenelementen wie Eisen und Kalzium sehr hindert und auch den Zustand des Nervensystems gar nicht verbessert. Es ist gerade in dieser Zeit der Veränderung äußerst wichtig, den Körper mit den nötigen Vitaminen und Spurenelementen zu versorgen.

Der Grüne Tee und die etwas koffeinärmere Sorte Bancha-Tee enthalten auch hier viele für den Organismus in diesen Jahren absolut notwendige Wirkstoffe.

Die Umstellung von Kaffee oder auch Schwarztee auf Grünen Tee oder die spezielle Sorte Bancha-Tee ist wiederum ein idealer Beitrag zu einer besseren Gesundheit. Die anregende und erheiternde Wirkung auf die Seele ist auch während der Wechseljahre sehr willkommen.

Eine Studie von Professor Takuo Okada von der Universität Okayama in Japan berichtet, daß die ideale Wirkstoffkombination des Grünen Tees jene von Vitamin E sehr gut ergänzt oder sogar übertrifft. Dies betrifft hauptsächlich die Herabsetzung von Superoxidbildungen im Körper, was auch den Alterungsprozeß verlangsamt.

Sicher kann Grüner Tee nicht als «Wundermittel» bei jeder Art von Wechseljahrproblemen angesehen werden. Im Rahmen einer gesunden Lebensweise, speziell auch einer gesunden Ernährung, bietet jedoch der Grüne Tee eine sehr empfehlenswerte Ergänzung für mehr Wohlbefinden auch in diesen Jahren. Der tägliche Genuß von Grüntee in vernünftiger Menge kann helfen, die Einnahme von Vitaminen, Mineralstoffpräparaten oder gar Medikamenten in dieser Zeit zu reduzieren.

GRÜNER TEE UND DIÄTEN

Die Frage, ob sich Grüner Tee mit Diäten kombinieren läßt bzw. verträgt, ist eine Frage, die eine kurze Einleitung erfordert.

Diäten sind modern, doch ist nicht alles, was modern ist, auch sinnvoll und gut. Zum wirren Angebot an unzähligen Ernährungsmethoden gesellen sich pro Saison etwa 20–30 neue Diäten. Eine Diät ist immer unvollständig, niemals ganzheitlich, sondern meist einseitig und auf ein bestimmtes Ziel ausgerichtet, wie Schlankheit oder das Schonen eines Organs. Wer sich den Naturgesetzen gemäß ernährt, braucht keine Diät. Gemeint ist eine natürliche Vollwerternährung, wobei Aktivitäten und Lebensweisen der betreffenden Menschen berücksichtigt werden müssen. Eine vernünftige Trennkost sowie die vegetarischen Ernährungsweisen zähle ich nicht zu Diäten. Die einzige sinnvolle Diät wäre das Fasten, als wirksamste Entschlackung und Entgiftung von Körper und Geist. *Richtiges Fasten* ist dafür selbstverständlich Voraussetzung.

Zu allen Ihren Ernährungsgewohnheiten läßt sich Grüner Tee ideal kombinieren. Dasselbe gilt, wenn Sie sich trotzdem zu einer vorübergehenden Diät entscheiden oder aus irgendeinem Grund eine solche verordnet bekommen. Der Gehalt des Grünen Tees an Spurenelementen und Vitaminen ist in jedem Fall eine ideale Ergänzung, nebst den mehrfach erwähnten gesundheitlichen Wirkungen dieses Tees.

Während einer Fastenkur ist es ideal, auf einen speziellen Grünen Tee, den erwähnten Bancha-Tee, zu wechseln, da dieser etwa dreimal weniger Koffein enthält als verschiedene Grünteesorten (siehe auch Bancha-Tee, Seite 51).

Es ist aus gesundheitlichen Gründen äußerst wichtig, daß während einer Fastenkur *absolut kein* Kaffee und auch kein Schwarztee getrunken wird!

Grüner Tee, die gesunde Art,
Tee zu trinken.

EINIGE WÜNSCHE

Wir haben uns nun intensiv mit der Teepflanze und den Geheimnissen des Grünen Tees befaßt. Hier möchte ich nochmals festhalten, daß sich die wunderbaren Eigenschaften und Heilwirkungen des Teeblatts nur auf den *Grünen Tee* beziehen. Bei der Verarbeitung des Tees zu Schwarztee gehen die meisten dieser Eigenschaften verloren, die Wirkstoffe werden zerstört oder verändert, und damit wird der Schwarztee zu einem reinen Genußmittel «abgebaut».

Wenn Sie durch richtige Zubereitung und gute Wahl der Grünteesorte die speziellen, natürlichen Aromen schätzen gelernt und vielleicht auch die einzigartigen Wirkungen erfahren haben, werden Sie den Schwarztee nicht mehr missen.

Wir leben in einer Zeit, wo die Zivilisationskrankheiten, wie rheumatische Leiden, Arthritis, Allergien, Karies, Zahnfleischprobleme, Hauterkrankungen, Depressionen, verschiedenste Stoffwechselstörungen, Krebsleiden, Mangelerscheinungen und vieles mehr, immer noch zunehmen. Vergleichen wir diese Leiden mit den möglichen heilungsfördernden Wirkungen des Grünen Tees, so scheint es, daß diese seit Jahrtausenden gepriesene Heilpflanze ganz besonders für unsere heutige Zeit gewachsen sei.

Die Wirkung jedes Naturheilmittels wird durch gesunde Lebensweise sowie durch entsprechende natürliche Vollwerternährung stark unterstützt. Dies gilt auch für den Grünen Tee. Vielleicht führt der eine oder andere Weg einer Leserin oder eines Lesers über den Grünen Tee auch zur Überprüfung der bisherigen Lebens- und Ernährungsgewohnheiten.

Ich schließe meinen Bericht über den Grünen Tee mit einigen Wünschen:

- daß sich immer mehr Menschen wieder auf das ursprüngliche Teetrinken – und somit auf den Grünen Tee – besinnen;

- daß die Konsumentinnen und Konsumenten beim Teekauf kritischer, d.h. entsprechend informiert sind und damit die für unsere Gesundheit problematischen, mit sogenannten naturidentischen Aromen oder Fruchtestern parfümierten Tees vom Markt verschwinden;

- daß in den europäischen Gasthäusern, Cafés, Tea Rooms und Restaurants aller Kategorien wieder eine Teekultur aufgebaut und gepflegt wird. Dazu gehört eine Auswahl verschiedenster Teesorten auch von Grünem Tee, wenn möglich als Offenware für Portionen, entsprechend serviert, und mit guten Teebeuteln für Einzeltassen;

- daß während der Ausbildung in den Berufen des Gastgewerbes und auch an den Hotelfachschulen die Tee-Warenkunde entsprechend ausgebaut wird.

Von vielen Menschen hört man oft die wahrscheinlich unüberlegte Äußerung: «Ich trinke nur Tee, wenn ich krank bin.» Vielleicht hilft dieses Buch mit, ein solches Bewußtsein etwas zu ändern. Dazu gehört das Unterscheidenkönnen zwischen Grünem Tee, Schwarztee und den sogenannten Kräuteraufgüssen als Medizinaltees oder Genußtees. Alles zur rechten Zeit und zur rechten Gelegenheit. Heilkräuter und Tee ergänzen sich!
Vielleicht helfen auch Sie mit Ihren neuen Kenntnissen mit, diese Wünsche zu realisieren.

Grüner Tee – das Getränk für Körper, Geist und Seele!

青松多寿色

DANK

Bei der Realisierung dieses Buches war ich auf wichtige Informationen und Daten angewiesen.

Ich danke ganz besonders Dr. med. Hiroto Fujiki für die Zusammenarbeit und die Vermittlung der Forschungsergebnisse seines Teams vom «Saitama Cancer-Institute», Japan.

Mein Dank geht auch an K. Tanaka (Japan)
für seine fachlichen Informationen,
Richard Schmid (Kantonales Labor, Luzern)
für die Durchführung der Koffeintests,
Werner Speck für die Zeichnungen,
Hans Schwarz für die Erstellung der Grafiken,
Dr. med. Stefan Schindler für die Mithilfe
bei der Ermittlung der medizinischen Daten,
Ingrid Schindler für die journalistische
Begutachtung,
Anne-Marie Gisler für die PC-Bearbeitung
des Manuskriptes,
der Grafikerin Ursula Mötteli für die
einfühlsame Buchgestaltung
sowie meiner Ehefrau Hanny und meinem Sohn
Thomas für die Bearbeitung und Erarbeitung
der Rezepte.

STICHWORT-REGISTER

LITERATUR

Hans G. Adrian, Rolf L.
Temming, Arend Vollers
Das Teebuch
Verlag C. J. Bucher
München / Luzern

Wilhelm Baumüller
Aleijos T'U CH'UAN
Grüne Wunderdroge Tee
Braumüller-Verlag Wien

Peter Martin Urtel
Die Kunst TEE zu trinken
BLV Verlagsgesellschaft
München Wien Zürich

John Blofeld
The Chinese art of TEA
George Allen London

John Blofeld
Das TAO des Teetrinkens
Diedrichs-Verlag München

Lesley Mackley
Tea & Coffee
Salamander Books Ltd, London

Schaffner, Häfelfinger, Ernst
Pharmaka Kompendium
Arboris-Verlag Hinterkappelen

Publikationen der Tea Promoters
Calcutta, Indien

Publikationen des Saitama Cancer
Centers in Komuro, Japan

Publikationen der Japanischen Tee-
produzenten

Wichtl
Teedrogen
Wissenschaftliche Verlagsgesellschaft
Stuttgart

Katalyse-Umweltgruppe, Köln
Chemie in Lebensmitteln
Zweitausendeins Frankfurt

Hoppe
Drogenkunde
Walter de Gruyter Berlin

Mutschler
Arzneimittel-Wirkungen
Wissenschaftliche Verlagsgesellschaft
Stuttgart

Schneebeli-Graf
Blütenland China
Chinesische Nutz- und Heilpflanzen
Birkhäuser Basel

Gesundheits-Brockhaus
Brockhaus F. A., GmbH Leipzig

Römp
Lebensmittelchemie
Thieme-Verlag Stuttgart

Forth, Heuschler, Rummel
Pharmakologie und Toxikologie
Spektrum Akademischer Verlag
Heidelberg

DER AUTOR

Peter Oppliger, geb. 1940; dipl. Drogist, Ausbildung in Naturheilkunde, Homöopathie und Phytotherapie. Ausbildung in Ernährung an der East West Foundation in Boston. Seminarleiter für Autogenes Training und Yogalehrer (Ausbildung an der Himachal-Pradesh University in Indien).

Der Autor ist Inhaber einer Drogerie in Luzern;
Organisation und Führung von Studienreisen für Naturkunde und Naturheilkunde im In- und Ausland;
Organisation von Kursen für Naturheilkunde und von Gesundheitswochen und Heilpflanzen-Exkursionen;
diverse Lehraufträge;
Gründer der historischen Drogerie und der Heilkräutergärten im Freilichtmuseum Ballenberg (CH),
wo er heute u.a. naturheilkundliche Ausstellungen betreut.